教科書に
書かれなかった戦争
PART68

過去から学び、現在《いま》に橋をかける

――日朝をつなぐ35人、
歴史家・作家・アーティスト

朴日粉《パクイルブン》【著】

梨の木舎

目次

1 自分で考え、生きていくということ

2 気づきのために対話を重ねる

3 声をあげ、行動しよう

4 抑圧されている人の側で

5 過去の歴史に向き合うこと

6 助けたり、助けられたり、ほんとうの友だちとして

1

自分で考え、生きていくということ

「自分っちの排外主義をどうするんだ」

文芸評論家・斎藤美奈子

東京新聞のコラム「本音のコラム」の筆者の一人。読者の圧倒的支持と共感を広げ、「(一回読むと)癖になる」「はまった」の声がネット上に飛び交っている。実は記者もその口で、数年前、購読紙をA紙からT紙に変えた。

ある日のコラムの書き出しはこうだ。

〝あれ、おかしいな。安倍首相の選挙スローガンは「日本取り戻す」じゃなかったっけ? これはまるで「日本を差し出す」じゃないの〟(「横並びの論調」2013年2月27日付)

〝政権をゆるがすほどの大スキャンダルなのに、なぜ多くのメディアは徹底追及しないのだろう。大阪府の学校法人「森友学園」の件である〟(「モデル校の開設」2月22日付)

斎藤さんの「喝」で目を覚ましたのか、T紙、A紙など各紙が連日、国有地払い下げ疑惑が濃厚な「森友学園」問題を1面で追及するようになった。朝日新聞の紙面審議委員を

斎藤美奈子(さいとう　みなこ、1956〜)。新潟市生まれ。児童書などの編集者を経て、現在、文芸評論家。『文章読本さん江』で第1回小林秀雄賞。各紙誌で書評、コラムなど多数執筆。『学校が教えないほんとうの政治の話』『モダンガール論』など。

務めたことのある斎藤さんは昨今のメディア事情をこう読み解く。

「小さな保身の積み重ねが、メディアの弱腰に繋がっている。政権に迎合しなければならないとかの深謀遠慮と思いきや、意外とそうでもない。安倍政権の政策はこうだという見出しではなく、その政策に物申す見出しにしなければならないのに、それをしなくなった。

メディアの一番の使命である『政治権力の監視』という基本から遠ざかった。相手が弱ると突っかかるけど。第1次安倍政権の末期には書きまくったし、麻生政権のときも『字が読めない』とかいって『弱い犬は叩く』。安倍政権に迎合気味なのは、支持率が6割を超えることも背景にある。だけど、政権に寄り添う姿勢がむしろ読者を減らしていることをもっと考えた方がいい。その認識がない」

強いものに毒づく

日本の政治、文化、メディア状況を分析する目の確かさと公正さ。しかも当世の作家、文化人、ジャーナリストから見られなくなった反骨精神がどの文にもほとばしり出て、小気味いい。一言でいうと権威に屈さぬ潔さ。今、1カ月に15~20本の連載を持つ超売れっ子であるが、人気の秘訣は「強いものに毒づく」姿勢だ。

「権力や権威に守られた経験が余りない。部外者意識が強いかも知れない。大学も文学部出身ではない。昔の友だちはみんな、なんで文芸評論家なのかわからんという。大学受験や就職などで、小さな挫折がいっぱいある。それって権威がおかしくみえるのね。ひれ伏したり、ふんぞり返ったりする偉いさんとかを茶化したい。笑いが込み上げてくる。どうしようかな、ここまで書いていいかなと思うときも、『いてまえ、まあいいや』と。校正で『きついかな』と思って直そうとすると、担当編集者が『もう、遅いです』」と。

このあたりに、メディアがひれ伏す安倍政権に物怖じせず、一人気を吐く秘訣がある。1月に出版したばかりの『文庫解説ワンダーランド』（岩波新書）でも、井伏鱒二、江藤淳などキラ星の如く偉い作家、文芸評論家らの解説に「意味不明」「なめんなよ」「思考停止」「無根拠な権威」「もういちどいうけど、ふざけてる?」と噛みついた。

「斎藤さんとか、あんなこと書いて大丈夫ですか」と、20年前位からいわれているという。「偉い作家から文句が来ないかとか、業界から干されないか、権力に目をつけられませんか」と、メディア関係者に聞かれるという。

「そんな人の心配をする前に、自分の心配をしたほうがいい」と返すのが当たり前になったという。「朝鮮学校の高校無償化除外や自治体による補助金支給の停止など報道が大きく取り上げない。トランプ政権の移民問題をクローズアップしているが、もっと自分の足元をみたほうがいい。自分っちの差別問題、排外主義をどうするんだ。その意識がメディアにはない」と熱く語る。

まずはじめませんか、地域で友だちになることから

「慰安婦問題の日韓合意についても、テレビや新聞の報道は腐っている。他者への想像力

が欠如し、被害者意識しかない」と手厳しく批判する。「朝鮮についても植民地支配の歴史そのものに日本人一人ひとりが全く向き合ってこなかった。太平洋戦争で米国に負けたという意識にとどまり、『朝鮮や中国で何をしたのか』という歴史の根源について学ぼうとしなかった」

新潟出身の斎藤さんには、幼少期に仲のよかった在日の少女がいた。街中でチマ・チョゴリ姿の高校生が普通にいたし、東京での大学時代にも在日の友達はいた。「こうした個人的な体験があるかないかが、朝鮮問題を見る視点に影響を及ぼすのでは」と考えている。「もうすぐ、東京オリンピック。世界中のいろいろな国の人たちが日本に来る。そのとき、朝鮮学校の子どもたちがいきいきと学び、笑顔でいればそっちの方が、世界の人たちからほめられて、損得から考えても日本は断然得のはず」。斎藤さんは、壁の中に閉じこもっていないで、「まずはじめませんか、地域で在日の人たちと友だちになることから」と呼びかける。

（『朝鮮新報』２０１７年３月13日付）

人々の魂揺さぶる「人間賛歌」

作家・三浦綾子

着ぶくれて吾が前を行く姿だにしみじみ愛し吾が妻なれば　光世
病む吾の手を握りつつ眠る夫眠れる顔も優しと思ふ　綾子

喜びも悲しみも分かち合った40年の歳月。今は亡き、作家の三浦綾子さんと夫の光世さん（2014年死去、享年90）の相聞歌である。長く厳しい冬が続く北海道・旭川の風土の中で「人はいかに生きるか」「苦難とどう立ち向かうか」のテーマで、クリスチャンとして神の愛を書き続けた綾子さん。相次ぐ病魔に襲われ、がんになった時でさえ「神が与えてくれたもの」として感謝し、病気と共存した。そこで生まれた三浦文学とその「人間賛歌」は、とりわけ東日本大震災の後、復刊が相次ぎ、人々の魂を揺さぶり続ける。

信仰と文学を支えた夫婦愛

三浦綾子（みうら　あやこ　1922～99年）。北海道旭川市出身。結核の闘病中に洗礼を受けた後、創作に専念する。63年、朝日新聞社による1000万円懸賞小説公募に、小説『氷点』を投稿。これに入選し、64年12月9日より朝日新聞朝刊に『氷点』の連載を開始。代表作に『塩狩峠』『母』『銃口』など。故郷である北海道旭川市に三浦綾子記念文学館がある。

綾子さんのことを書く時、夫の存在を欠かすことはできない。その信仰と文学を支えたのは、夫の光世さんとの夫婦愛だった。

三浦さんの創作活動はまさに病気との闘いだった。肺結核、脊椎カリエスという難病に冒され、24歳から13年間、療養。そのうちの4年は、ベッドで寝たきり。迫り来る死の恐怖と対峙する日々だった。結核が完治して結婚したと思うと、今度は血小板減少症、帯状疱疹、直腸がん……などの病に悩まされ続け、晩年の10年は筋肉が硬化していくパーキンソン病と闘った。膝と腰が曲がり、畳に座るのさえ容易なことではない。そんな、綾子さんの日常生活と創作活動の傍らには影のように寄り添う光世さんの姿があった。朝起きてから眠るまで、お風呂の世話から、夜中の用便に立つのも含めて、献身的に妻の世話をした光世さん。そして口述筆記。だから綾子さんは「三浦がいなかったらわたしの作品は何一つ生まれなかった」と感謝の気持ちを表していた。こうしてできあがった作品は35年にわたり、82作にのぼる。

１９９８年、代表作『氷点』の舞台となった、旭川市郊外の外国樹種見本林に三浦綾子記念文学館が開館。文学館は市民ら1万５０００人から寄せられた2億円もの募金で建てられ、１００人のボランティアが運営を支えてきた。そして、今年はその『氷点』発表から53周年を迎える。

人々の心をとらえて放さない三浦文学の魅力はどこにあるのだろうか。当時、朝日新聞に連載され、空前の『氷点』ブームが沸き起こった。小学校4年生だった記者も、毎朝誰よりも早く起きて、ワクワクしながら新聞を手にしたものだった。そして、大きくなったら、作家に会ってみたいとの憧れを抱いた。それが実現したのが31年後の1995年。旭川市のご自宅で夫妻にお目にかかった。日本が敗戦50年を迎え、「従軍慰安婦」問題をはじめ、日本の過去を問う厳しい声がアジア各国から噴出していた頃だ。夫妻のごあいさつは謝罪の言葉から始まった。

「日本人があなた方の国の人たちに本当に申し訳ないことをしました……」と綾子さん。声がうるみ、言葉にならない。

「戦時中の日本政府は、朝鮮や中国の若い女性を無理やり連れ去って、日本の軍隊のためにその体を提供させました。霞網でもかけるように、道端を歩いている人、家でご飯を食べている人、たとえ夫がいようが、乳呑児を抱えていようが、容赦しなかった。銃剣を突きつけ、母親にすがりつく子どもを引き離して、着のみ着のままいきなり連れていったのです」

あの忌まわしい記憶は、当事者の人々にとって忘れようにも消し去ることのできない光景だった。新聞や雑誌が取り上げた彼女らの悲痛な告白は、綾子さんの心をかきむしる。

「悲鳴をあげて逃げ回る若い娘を、殴ったり蹴ったりして、次々と引立てていった。そして、慰安所に叩き込み、1日に30日から50人もの男の相手をさせた。言葉で言い表すことのできない乱暴、狼藉を女の体の上に働いたのです。元従軍慰安婦の証言の中には、病気になったある女性が銃剣で乳房を抉られ、あるいは刺し殺されたと告発している。想像を絶する恐怖の世界だった……」

日本はアジアで何をしたのか。彼女たちの声に耳を傾け、その訴えにどう誠実に応えるかが問われているのだ。「にもかかわらず、日本の閣僚のなかには、朝鮮を併合したのは悪いことではなかったと頑張る人がいる。戦争は正義のためにやったという高官がいる。人の家に大砲をぶち込んで女を連れ去って、何もしていない、侵略していないと、どうしていえるのか」

永い間隠されてきた極悪な国家犯罪。それをいまだに知らなかったといい張る政治家や国民。それを綾子さんも光世さんもこう批判した。

「知らない、ということは恥であり、無知は罪です。知らなかったでは、済まされない」

ドイツのヴァイツゼッカー大統領はかつて「目を開き耳を澄ましていた人なら、ユダヤ人を連れ去る列車に気づかぬはずがない」と傍観を恥じて、あの時代を決して忘れてはならないことを説いた。「私は関係ない」という姿勢は許されぬ、ということだ。しかし、日本には過去の話はもういい、という空気が支配する。「自分は戦争世代でなかったから、反省もしないし責任もない」。こんないい訳が政治家や普通の人々の口から吐き出される。

「日本という国は一人の人を絶対化して神とした。戦時中、私自身も戦争は勝つ、

旭川市郊外の外国樹種見本林に建つ三浦綾子記念文学館

聖戦と思っていた。同じ考えでいれば、謝罪も反省もありえないのです。しかし、どんなに否定しても、否定しようがない。どこまでも日本人がやったわけです。その結果としてアジアの2000万人の人々が殺されたのです」

綾子さんはその「罪」は国家の罪であると同時に個人の「罪」であるとし、そこから生じた責任は国家と個々人が背負わなければならない、と説く。

「戦争の後に生まれてきた世代だからといって、事実から目を背けてはならない。父祖たちがどんなに悪いことをしたのかをしっかり学ばねばならない。知らないというのは、もしあの時代に生きていたら、ひどい目にあっている人の側で拍手喝采をするのと同じです。生まれていなかったから罪がないといい張るのは間違いだと思います。父祖たちの罪を少しでも償おうとする心が必要ではないでしょうか」

光世さんは許しを求める心をこう補足された。

「人は許されるからこうやって生きていると思うのです。許してください、といわれないと人は許すことはできない。神様だって、許してください、といわない人は許すことはできない。お前の罪を許してやる、といっても私に罪なんかない、許してもらう筋合いはない、という気持ちでは許しにはならない。罪を認めて、まず謝らなければならない」

綾子さんは戦時中、「天皇」の名のもとに戦争へと子どもたちを教育し、駆り立てた自らの教師としての責任に苦しみ、悩み、自殺までしようとした。暗い時代の渦に無批判のまま巻き込まれた自省とクリスチャンの立場から、その時代と社会の不条理を真正面から見つめ直して、特高警察に虐殺された小林多喜二の母を描いた『母』を書き上げた。日本の朝鮮支配、中国侵略が強行される暗黒の時代。国内では天皇の神格化、思想統制、軍国主義化の波がひたひたと押し寄せる時代に入っていた。そうした中で、共産党に入党して『蟹工船』などのプロレタリア文学作品を次々に発表していった多喜二。ついに満州事変の2年後、逮捕され、その日のうちに虐殺された。綾子さんは時代と格闘した多喜二の生涯を、母の目を通して情感豊かに描いたのだ。

一人ひとりが勇気持って

最後の長編小説『銃口』では、綾子さんの教師時代の体験を重ねて、小学校教師・北森竜太が人間として生き抜く様が描かれた。１９４０年から41年、北海道で60人を超える小学校の教師たちが治安維持法違反で検挙され、獄死者も出たという悲劇がテーマ。「全く身に覚えのない嫌疑で、彼らの人生は狂わされた。この関係者に取材したのですが、この人は事件について、戦後50年間も奥さんにすら口を閉ざし、頑なに沈黙を守り続けていた」「過去の辛い体験さえ、語らせない大きな力が再び日本に台頭してきている」と憂いていた綾子さん。主人公は、戦時中、ある朝鮮人を強制労働から助け、逆に10数年後、その朝鮮人により命を救われる。権力に抵抗して共に立ち上がる強じんな人間たち。綾子さんはその深い人間性と国際性を物語の中心に据えた。

妻亡き後、光世さんは三浦文学の語り部として、多忙な日を送ってきた。光世さんはこう語った。「多喜二を虐殺し、隣国の人々を強制連行したような時代を再びもたらしてはならない。右傾化の風潮が強まりつつある時代にあって、『おまえ、それでも日本人か』という声を吹き消し、『一人ひとりが勇気を持って、発言し、行動しよう』という綾子の祈りを深く汲み取っていただければ」と。凍てつく北の大地から生まれた文学は、夫妻の温もりそのものであった。

（２０１４年1月22日付）

「この国で覚悟せなんだら、何も言えへん」

随筆家・岡部伊都子

「日常は、生きている間の、いのちの舞台」だと語り、病弱な小さな体からあふれでる平和への思い、ものへの慈しみ、生への感謝をやさしく綴った随筆家の岡部伊都子さん。

一人の女性として、日本の侵略戦争の原罪を背負い、そこから決して目を背けず50年あまり執筆し、発言し続けてきた。たおやかな風情で、美の世界を追求した岡部さんだったが、奢り侮るものへの怒りは誰よりも強かった。2000年、京都・加茂川のほとりのご自宅を訪ねたときに、自らの生き方についてこう語っていた。

「不審を抱くこと、真実を追究すること、納得のゆかない時は不服従であること、さらに怒るべきことには怒ること、異議を叫ばねばならぬことは異議を叫ぶこと、抵抗すべきことには抵抗すること、許してはならぬことは許さぬこと。そういう思考をする人間でありたい」と。

岡部伊都子（おかべ　いつこ　1923～2008年）。大阪市生まれ。随筆家。随筆「おむすびの味」（1956年）で認められる。繊細な筆致で美術や伝統芸術や自然とふれる自身の生活感を描く一方、反戦、沖縄問題、在日韓国・朝鮮人問題、環境問題についても積極的な執筆活動を続けた。『岡部伊都子集』（全５巻）や『岡部伊都子作品選・美と巡礼』（全６巻）、「朝鮮母像」など。

兄の死と婚約者の死

1954年以来、執筆生活に入った岡部さん。離婚を経て、経済的にも自立して、文筆で生きていこうとしていた。岡部さんの書くことの原点は、戦争の犠牲者となった兄とそれに続く婚約者の「死」だった。婚約者は出征の前夜、2人だけで話した時に「この戦争はまちがっている。天皇陛下のために死ぬのはいやだ。君のためなら、喜んで死ねる」と言ってくれたという。しかし、幼い時から軍国主義教育を受けていた岡部さんは「私なら喜んで死ぬけれども」と冷たく答え、戦地に送り出してしまった。その時の痛恨の思いが、敗戦後もずっと岡部さんを苦しめた。戦後、何度も婚約者の終焉の地・沖縄に通って、戦争の実相と婚約者の最期の様子を確かめた。

04年6月、放映されたNHKのETV特集「消えぬ戦世よ~随筆家・岡部伊都子の語りつづける沖縄」が、岡部さんの歩みを見事に描き、大きな反響を呼んだ。当時の自身を剝ぎ取り、容赦なく追及する姿勢。戦争を否定していた彼が死に、ぬけぬけと生きている自分。時代や教育のせいにするのではなく、自分を見つめ、向き合い、自分で始末しようとする潔さ。その覚悟の深さが、岡部さんの人となり、ペンの筆先までを生涯貫いた。

独特のやわらかい筆づかい

岡部さんは当代の名文家として高い評価を得た。1923年大阪に生まれ、大阪相愛高女を病気のため中退。独特のやわらかく、飄々とした筆づかいで、戦争と差別、社会の矛盾、性差別について批判した。朝鮮の統一や在日朝鮮人を取り巻くさまざまな問題にも心を寄せ、惜しみない支援を寄せた。著書は『沖縄からの出発』『美と巡礼』シリーズ（全5巻・藤原書店）など120冊を超える。著作選集『岡部伊都子集』（全5巻・岩波書店）は、愛読者である作家の落合恵子さんと評論家の佐高信さんが企画・編集を担当した。

とりわけ、随筆集『朝鮮母像』には、約半世紀にわたる「母なる朝鮮」への万感の思いが込められている。そのカバーには次のような言葉が記されている。「愛好家は一びんの李朝白磁を手にいれるためには、惜しみなく万金を投じる。だが、その壺にひそむ涙は思わぬ。そして、朝鮮芸術をこよなく愛し尊びながら、現実社会では朝鮮人を見下げ、苦しめつづけている」

また、この書には「朝鮮のみなさまへ」と題する印象的な一文が綴られている。

「京都の祖流は朝鮮半島です。朝鮮民族には、どんなに感謝していいかわかりません。昔の『日本書紀』時代の絵とか書など、そういうものの展覧会へ行くと、朝鮮半島から来た文化、造形、それから絵が、ぎょうさん展示してあります。その絵の中には、チマ・チョゴリが描かれているのですよ。その絵を見ると、日本の着物の文化が、チマ・チョゴリから生まれたということがわかります。ほんとうに、日本の祖先がどこか、はっきりしているわけです。そういう文化のあるところ、そういう歴史があるにもかかわらず、日本は朝鮮半島を植民地化してしまいました。『古事記』や『日本書紀』時代の古い古い時代の歴史をふみにじって、武力で朝鮮を植民地にしたのです。無礼、無礼─無礼きわまりない」『朝鮮母像』を本紙で紹介したところ、さっそく、岡部さんから心温まる手紙が届いた。そこには、「すばらしい『母なる朝鮮』のご紹介をいただき、ありがたく、胸いっぱいです。でも、うちの助け手である田上さんが、『朝鮮母像』が出来てきた時、『一番喜んでくれはるのは記者さん』といわれたのよ。理解深い方々にかこまれて、ありがたいことです」

また、同書出版後、東京・四ツ谷で開かれた特別講演会「平和で差別のない社会を求めて」で演壇に立った岡部さんは、「65年からずっと家に無言電話や脅迫状が来る。来るたびに思うのは『私はまだ節を曲げてへんで』ということ。この国で覚悟せなんだら、何もいえへん。何も書けへん」ときっぱり話した。

会場の聴衆からの「半世紀も闘って来られてお疲れになりませんか」という質問に対して、「闘わないとかえって疲れる。まず自分との闘いに勝たないと生きる意味がない」と目の覚めるような即答をされた。その潔さに場内が一瞬水を打ったようになったことを懐かしく思い出す。

「人間でありたいんです」

病に伏されてからも、時々電話でお話ししたが、岡部さんはいつも朝鮮学校へのさまざまな差別に憤り、「経済制裁」「万景峰92」号の入港禁止の動きに危惧の念を表し、「本当に腹立つな！」「日本の責任や。日本が朝鮮を侵略したから、解放後も二つに分断された。日本で差別が続いているのもそのせいだ。そのことを考えると辛い」と話されていた。

常日頃、「わたしたち日本人も、人間でありたいんです。まともな人間でありたいんです」と訴えていた岡部さん。「在日の人たちに働いたあんな無礼はもう許されない、日本を喜びの多い国に、苦しんできた人たちの痛みを喜びに変えていくようにしなければ」と心に希望を燃やし続けた。在日朝鮮人を標的にしたヘイト・スピーチや排外主義が跋扈するいまの日本社会の現状について、ご存命であればどう発言されたであろうかと思わずにはいられない。

（２０１４年3月19日付）

講演会で話す岡部さん。左は作家の落合恵子さん（04年）

人のせいにしない、自分で考え、責任を引き受けて生きていきなさい

作家・評論家・吉武輝子

日本初の女性宣伝プロデューサー、そして作家・評論家の吉武輝子さんが亡くなったのは5年前の4月17日。その命日に奇しくも一人娘で看護師（看護学博士）・文筆活動など多彩な活躍を続ける宮子あずささん（53歳）とお会いした。吉武さんは晩年、「70代、80代は人生の旬」だと語りながら、1年に3冊を書き下ろし、呼吸障害を抱えつつ携帯用の酸素ボンベを持って講演に飛び回っていた。差別も戦争もない社会の実現に向けて活動を続けた吉武さんの遺志は、分野は違っても、宮子さんによってしなやかに受け継がれている。

暴力ごときに屈してなるものか

吉武さんは女性運動や平和運動に長くかかわってきた。戦時中は軍国少女で、出陣学徒を旗を振って送り出した体験もある。14歳で日本の敗戦を迎えた吉武さんの戦後は、進駐

吉武 輝子（よしたけ てるこ　1931～2012年）。作家・評論家。兵庫県芦屋市出身。東映に入社、日本初の女性宣伝プロデューサーに。その後文筆活動に入る。平和や女性の人権などをテーマに執筆・講演活動を展開。68年、婦人公論読者賞受賞。市民運動にも積極的に取り組んだ。『おんなたちの運動史 わたくしの生きた戦後』、『炎の画家　三岸節子』など。

軍の米兵による集団性暴力の被害から始まるという悲惨なものだった。当時は「被害に遭うのは女の側の落ち度であり、傷物の女は結婚できない」と叩きこまれていた時代。吉武さんも自殺未遂を繰り返した。性暴力の被害者がみずからの体験を人前で語ることは、並大抵のことではない。深刻なトラウマ（心の傷）の再現に耐え、被害者に「汚れた女」の烙印を押したがる社会の偏見と闘わねばならなかった。

吉武さんが性暴力に遭った体験をカミングアウトしたのは1970年。その時のことをこう語っていた。「果てしなく険しい道程だった。あの時、力ずくで兵士たちが私から奪い取ったものは、単に肉体ではなく、よりよく生きようとする意志そのものだった。そうはっきり悟ることができた時、猛烈な怒りが体の奥底から吹き上げてきた。『よりよく生きようとする私の意志が、暴力ごときに屈してなるものか』と。その頃の私には、まだ理論化する力はなかったが、暴行事件は私の落ち度から起こったものではなく、力信奉の男性優位文化の象徴である軍隊のシステムがなした犯罪であることを肌で感じとっていた。そのことを苦しんで苦しんで生きてきたその果てに理解した時から、私の再生の第一歩が始まった」と。

暴力を徹底的に見つめて「生きる力と尊厳」を取り戻した体験が、後に平和憲法を掲げて「反戦、平和、反暴力」を訴える行動の原動力となった。そして、吉武さんは韓国の日本軍性奴隷制被害者たちが、長い沈黙を破って証言する姿に自身の歩みを重ねながら、強い共感と連帯を寄せた。

「戦前の日本は天皇を頂点として国家ぐるみで女をいやしめた。女は人間扱いされなかった。その延長線上に朝鮮やアジアの女性への暴力──日本軍性奴隷制度を設けた。日本の女性たちはその構図を長い間自分自身のこととしてとらえることができなかった。反戦・平和とフェミニズムの運動を推し進める中で、暴力の象徴である戦争の根を絶つためには、その起点たる性差別を廃絶しなければと考え、反戦と女性解放をセットにした『戦争への道を許さない女たちの連絡会』を70年代に立ちあげた。社会の変化は遅々たるもの。まして女性を巡る変化は微々たるもの。私たちの運動は1人が長く走るマラソンではなく、みんなでバトンを繋ぐ『駅伝』方式で息長く続けたい」と。

吉武さんは、「女性差別の歴史は2000年以上。これと闘うのは一筋縄ではいかない」と常々口にしていた。「1人の人間の人生など知れたもの。でも次の世代にバトンを渡せれば、知れた人生に膨らみができ、肉体は滅んでも精神は息づき続けていくことができる。私自身も、彼らに学びながら、先輩たちの落ちたワナにかからぬように細心の注意を払って生きてきた。歴史の語り部がいてくれてこそ、私たちは歴史の真実を知り、その歴史の真実から、よりよい生き方を学びとっていける」

吉武さんは中央大学法学部で「女性学」を講義しながら、日本軍の性奴隷を強いられた被害女性たちの勇気ある証言や「ナヌムの家」のことなどを伝えてきた。「学生たちは目を輝かして聞いてくれる、彼らなりに話を聞いて自分の現在地を確認していると思う」と手応えを感じながら、「これからも女性同士の信頼、タテではない、平等な関係を、朝鮮、アジアへと発信していきたいと」力強く語っていた。

ともに社会に反抗した同志

一人娘の宮子あずささんは、常に社会に異議を唱え続け、平和運動や女性運動の論客としてデモや集会にも参加する行動派の母を、間近で見続けてきた。「一言でいうと、母はともに社会に反抗した同志ですね」

小さい頃から、母は周りと同調することを好まない、世の中の価値観とはズレがあると認識していた。「一人っ子はよくないから、お母さんに産んでもらえばと、友だちにいわれて喧嘩したときも『分かってもらわなくていい。他の人と違うことを覚悟しなさい』、「人のせいにしない、自分で考えて、自分で責任を引き受け、生きていきなさい」と教えられたという。

そんな母を見て育った宮子さんは、明治大学を中退し、東京厚生年金看護専門学校に入り、看護師となった、そして家を離れ、自立、その後結婚した。09年までの22年間、東京厚生年金病院に勤めた後、大学院で看護学の博士号を取得。精神科病院に通院する患者さん宅への訪問看護、執筆、講演活動にも多忙な日常を送る。

一方、2000年に夫を亡くした後、吉武さんは、長年仕事の手伝いをしてくれていた22歳年下の男性と再婚した。若い頃から膠原病《こうげん》を患い、60代半ばからは慢性肺気腫、大腸がん、慢性骨髄性白血病と大病を相次いで発症、入退院を繰り返すようになった。近所の

一人娘の宮子あずささん。時代と格闘しつつ「母の世代」が勝ち取った恩恵に敬意を表したいと語った

人の中には、自宅のカギを渡すほど親しくつきあっている人もいた。ヘルパーさんの訪問も受け、こうした人たちの手当てがつかないときに、宮子さんが母を看るようになった。「母は入退院を繰り返し、わがままだったのでしょっちゅうけんかをしたけれど、私が勉強を続け、博士後期課程に入学したときは『学ぶことが力になる』と本当に喜んでくれた」

最後まで、社会や差別と闘ってきた吉武さん。宮子さんも今、文筆活動を通じて、障がい者や女性差別に強い怒りの声をあげ続けている。「昨年、相模原市の施設で起きた障がい者殺傷事件を受けて、政府は精神福祉法改正を国会に提出した。その姿勢は医療よりも治安を優先させるやり方。あの事件そのものは障がい者へのヘイトクライムだ」

宮子さんは、殺傷事件の実行犯の犯罪行為を糾弾せず、「慰安婦」問題についても徹頭徹尾、その事実から目を背け、謝罪はもとより反省すら口にしない安倍首相の態度に憤る。「『従軍慰安婦』という表現自体が欺瞞的だと思う。日本軍性奴隷制度（Japan's Military Sexual Slavery）そのものであり、女性たちはその被害者。加害の歴史を直視して、恥ずかしい日本の過去に目を閉ざしてはならない。常に問題の本質をごまかそうとするシンゾーたち政治家に騙されないよう、私たちは勇気を持たなければならない」

（２０１７年５月17日付）

愛せ！ 怒れ！ 勇気を持って闘え！

ジャーナリスト・松井やより

いま、日本の安倍極右政権、橋下徹・大阪市長（当時）らは、「従軍慰安婦」問題をめぐって、国際的な非難の矢面に立たされている。「少なくとも10数万人の朝鮮女性たちを拉致して、彼女らを強かんし、性奴隷にした日本自身の国家犯罪に対しては、その責任を回避するばかりか、そのような事実があったことさえ、否定しようとする安倍首相の態度は、単に理解しがたいということを超え、不愉快きわまりないことだといわざるをえない」（『ワシントンポスト』２００７年3月24日付社説）との批判を浴びたのをはじめ、国連社会権規約委員会、国連拷問禁止委員会は、日本政府に対して、「政府や公人による事実の否定、元慰安婦を傷つけようとする試みに反論するよう」日本政府に求めた。さらに元「慰安婦」らへの公的な補償、救済措置、関係者を訴追するよう勧告、すべての教科書に「慰安婦」問題を載せるよう迫った。

世界はまさしく、歴史の事実を否認する日本の政治のゆがみにＮＯ！を突きつけてい

松井やより（まつい　やより　1934～2002年）。東京都生まれ。「アジア」と「女性」をテーマに、生涯、グローバルな視野で活躍したジャーナリスト・活動家。1961年に朝日新聞に入社。９４年同社を定年退職後、アジア女性資料センターを設立し、02年に亡くなるまで代表を務めた。00年12月「女性国際戦犯法廷」を開催。著者に『『アジアの女たち』『愛と怒り闘う勇気――女性ジャーナリスト　いのちの記録』など。

るのだ。日本軍性奴隷制に正義と人権のグローバリゼーションの矢を放ち、巨大な歴史の転換を導いたのは何だったのか。ここで思い起こすのは、２０００年12月（8～12日）、東京で行われた「女性国際戦犯法廷」（「女性法廷」）を提唱、成功に導いたジャーナリストの故松井やよりさんである。

その構想について、松井さんはこう語った。

「日本軍性奴隷制は、最大規模の悲惨な戦時・性暴力であった。何とか生きて故国へ辿り着いても半世紀もの間、沈黙を強いられてきた被害女性たちが、90年代に入ってアジア各国で相次いで名乗り出た。彼女たちは日本政府に真相究明、公式謝罪、国家補償、責任者処罰などを求めてきたが、日本政府は今でも法的責任を認めていない。日本とは対照的にドイツでは、ナチ戦犯をドイツ人自身の手で今も裁き続け、10万件以上のナチ戦犯容疑者を捜査し、６千人以上を有罪にした。ところが、日本国内では、ただ１人の戦犯も裁かず、侵略戦争や植民地支配を正当化し、慰安婦制度を肯定する勢力が台頭しており、私たちは強い危機感を抱いている。今も苦痛の中に生きている、彼女たちの尊厳の回復のためにも、世界の女性たちで国際的な民衆法廷として日本軍性奴隷制を裁く『女性国際戦犯法廷』を、加害国日本の首都で開くことにしたのだ」（『朝鮮新報』２０００年３月13日付）

国際的な民衆法廷開催

「女性法廷」の会期中、困難を乗り越えて、北南、海外の朝鮮人被害者約30人を含むアジア各国の性奴隷被害者約70人が出席したのをはじめ、約2000人の参加者で埋め尽くされた。日本軍性奴隷制について昭和天皇に有罪判決を下すとともに、日本の国家責任を認定する歴史的な民衆法廷となった。しかし、それから2年後の、02年12月27日、松井さんは肝臓がんのため死去。文字通り、「女性法廷」の実現に全エネルギーを傾注して燃え尽きた。68歳。

その余りに早い死を、美術家の富山妙子さんが「松井さんの存在は日本の良心であり誇りであった」と悼んだ。また、尹貞玉・元梨花女子大学教授は、「私たちは同じ国に住んでいなくても、血が繋がっていなくても姉妹として、同志として生きてきた。あなたは、日本軍性奴隷にされた慰安婦や世界各地の紛争で暴力にさらされる女性たちの希望だった」と称えた。

松井さんは亡くなる2カ月前の10月12日、東京都内で開かれた「健康回復を願う友人の集い」に出席し、ガンの病状を告知。この時余命がどのくらいあるかは分からないが、残された時間のすべてを使って「女たちの戦争と平和資料館」（wam）を造りたいとの構想を公表した。文字通り、死の間際まで「平和と非暴力の21世紀を築く闘いを後進に引き継ぎたい」という執念を燃やし続けた。

松井さんと共に「女性法廷」の活動に携わり、その遺志を引き継いだテレビ・プロデューサー・wam池田恵理子館長は、こう振り返る。

「松井さんは活動家としても『いと小さき者のために』という志の高さ、仕事への厳しさ、注ぐエネルギーの大きさで群を抜いていた。自分が持っているものを与え尽くし、出し惜しみはしない。だから仲間にも同じことを求めた。この要求に応えるのは難儀だった。しかし、彼女自身が危機迫る迫力で実践していたので、誰もが必死で自分の体力・能力・時間の限界に挑戦した」

松井さんは病床にあって、本紙の「平和資料館」紹介記事を読んで礼状を寄せ、「あんなに大きく取り上げてくれて本当にありがとう」と述べ、資料館の建設と自伝の完成に強い意欲をにじませていた。

この類例のない「平和資料館」を、国境を越えた市民、女性運動で実現させたいという松井さんの遺志は、世界中の女性たちの手に託され、ついにwamが2005年8月、開館した。以来8年、ここには内外から多くの人々が足を運び、感想を寄せている。そのなかにはこのような声が記されていた。

「過去に起こった想像を絶する犯罪を支えた精神構造が、今日の社会にも引き継がれている。未来を変えていくために、あえて口を開かれた被害女性たち、彼女たちを支え、多くの証拠を固める地道な努力を続けてこられた方々の貢献は計り知れない。この資料館がいつの日にか国立の資料館になることを心から願う」

いと小さき者への愛貫く

松井さんの生と仕事の原点にあったのは、一言でいうと「怒り」であった。その最初の怒りが若き日にフランスのソルボンヌ大学に留学した時に遭遇した、人種差別と女性差別体験だった。その時の惨めな気持ちを「ゴミくず同然に扱われた」と40数年過ぎても忘れがたい屈辱感として記している。そして、朝日新聞の記者時代、元「慰安婦」女性たちを訪ねて南の「ナヌムの家」を訪れたとき、「ゴミのような、クズのような、何の値打ちもない私のところになぜ、来たの」と盲目のハルモニから声をかけられたという体験。「その時、誰がこういう目にあわせたのか、責任を明らかにしなくてはならない気持ちになった」という。まさしく、松井さんを突き動かしてきた原動力は、いと小さき者、踏みつけられて苦しむ人々への共感と権力への激しい怒りであった。

松井さんはまた、がんの病床で渾身の力をふりしぼって、著書『愛と怒り闘う勇気』（岩波書店）を遺した。そこで、拉致問題をめぐるメディアの偏向報道を追及しながら、「日本がかつての植民地支配と戦争によって北朝鮮の人々を痛めつけた歴史に対して謝罪も賠償も拒んで、隣国同士の正常な関係を作ってこなかった」と厳しく批判した。

松井さんのこの指摘は「女性法廷は謀略で、北朝鮮の工作活動」などと荒唐無稽な攻撃を繰り返した安倍氏らへの正鵠を射た反撃であった。拉致問題と絡めて北を非難すれば、何でもまかり通る日本の政治風土への鋭い警鐘が込められている。

最期のメッセージはこう結ばれている。「いまの時代、とくにこの日本では、闘うということは異端視される。したがって闘うには勇気が必要なのだ。……愛せ！　怒れ！　勇気を持って闘え！」と。まさに、闘うのはいまなのだ。

（2013年6月13日付）

2

気づきのために対話を重ねる

文化遺産守る平和の巡礼者

画家・平山郁夫

高麗王朝（９１８～１３９２年）の首都だった朝鮮の開城《ケソン》遺跡地区が世界遺産に登録されたのは２０１３年６月。その９年前の２００４年７月には、平壌周辺にある63基の高句麗古墳群が世界遺産に登録された。尽力したのは日本画家で元東京芸術大学学長の平山郁夫さんである。「高句麗壁画の次は開城」と気にかけていたので、ご存命ならどれだけお喜びになっただろうか。

平山さんは、１９９７年の初訪朝以来、12回訪朝。世界遺産に登録する運動を推し進め、古墳内部のデータ測定のための温湿測定器、ビデオカメラ、パソコン、車両などのほかに私財30万ドルを寄贈された。さらに記念講演やシンポジウムを開き、世界遺産登録への世論を盛り上げ、登録以降も、朝鮮文化省文化保存管理局の要請を受けて、壁画保存の多岐にわたるプロジェクトに幅広い支援を続けてきた。活動の原点には「高句麗古墳群は、人類の宝として守っていくべきだ」という強い信念があった。

平山郁夫（ひらやま　いくお　1930～2009年）。広島県尾道市生まれ。日本画家。旧制広島修道中学３年在学中、勤労動員されていた広島市内陸軍兵器補給廠で広島市への原子爆弾投下により被爆。この経験が後の「文化財赤十字」活動などの原点になっている。日本美術院理事長、第６代・第８代東京藝術大学学長を務めた。ユネスコ親善大使として、2004年、朝鮮と中国吉林省集安にある高句麗古墳群の世界遺産登録に尽力。

平山さんと初めてお会いしたのは、２００１年７月。世界遺産登録支援の「高句麗今昔を描く平山郁夫展」（ＮＨＫ・朝日新聞社・日本ユネスコ協会連盟など共催）が東京・日本橋の高島屋で開催された時。平山さんは美知子夫人と共に、同展に出席するため訪日した朝鮮政府代表団（団長＝李柱伯文化省文化保存局管理局長）を案内して、奈良、京都の国立博物館や高松塚古墳、飛鳥寺、薬師寺を巡る旅に出られた。行く先々で、歓待を受け、温かい交流が生まれた。杉長敬・奈良国立博物館副館長（当時）が「奈良の都は高句麗文化を母胎にして生まれた都。古代日本の黎明期に多大な影響を与えた高句麗へのあこがれと関心は強い。１日も早く日朝が互いに交流できる日がくればいい」と語った言葉も印象深い。２日間、移動のマイクロバスに同乗して、終始、代表団に寄り添ってキメ細かく気遣う夫妻の姿に心打たれた。

「北非難の大合唱」に動ぜず

２００６年７月。朝鮮の人工衛星発射の翌日に、鎌倉のご自宅を訪ねた折のことだった。発射直後から日本列島には北非難の大合唱が渦巻いていた。

しかし、平山さんは事前に決まっていたインタビューを変更することもなく、そのまま実施し、こう語った。「私の提唱する『文化財赤十字』という考え方は、たとえ国交がなくても、あるいは紛争中であっても、敵、味方関係なく貴重な文化遺産を援助するということ。現在、朝鮮のミサイル問題で、日朝関係はまずい状況にある。国内の強硬派は、両国のあらゆる関係をストップさせようといっているが、それはあってはならない。とりわけ高松塚壁画古墳やキトラ壁画古墳の源流である朝鮮との文化交流は、どんな政治の壁を超えてもやるべきだし、こういう時だからこそ、交流していくべきだと思う」

そして、言葉を添えた。「日本はかつての戦争でアジア諸国に大きな被害と迷惑をかけた。戦後豊かになって、政治家も国民もそのことを忘れ、目先のことしか見えなくなってしまった。平和のためには人知を尽くす以外にない。日朝関係は厳しいが、文化面の風通しが生まれ、正常化へのステップになることを願っている」

平山さんが、朝鮮から日本へ、という古代文化の流れを強く感じたのは、1968年秋の院展に出展した「卑弥呼擴壁《こうへき》幻想」という作品を描いた時のこと。卑弥呼の服装を描くために、4世紀ごろに描かれたという高句麗壁画古墳の傑作の一つ、水山里壁画古墳の女性像を参考にした。「それから4年後の1972年、奈良県の明日香村で高松塚壁画古墳が発見され、その壁画に描かれていた女性の服装が、水山里壁画古墳の女性とまったくといっていいほど似ていたことにびっくりした」と印象を語りながら、高句麗壁画との縁を「不思議な縁で結ばれている」と述べ、「私も同じ血、同じDNAを持っているのでしょう」と熱く語られた。その言葉は今も記憶に新しい。

原点は原爆の地獄絵

平山さんのこの姿勢は、拉致問題以降の厳しい状況下にあっても変わることはなかった。

訪朝を重ね、交流を続けた。

「（訪朝は）危ない、止めたほうがいい」と忠告も受けた。しかし、平山さんはひるまなかった。それはなぜなのか。

「拉致被害者のご家族は本当にお気の毒だと思う。しかし、なぜ、こんな事件が起こったのか、その原因を探り、考えなければならない」と語った。日本は1945年8月15日、ポツダム宣言を受け入れ、連合国に降伏して敗北した。しかし、もっと早くポツダム宣言を受諾すれば、広島、長崎の原爆投下で30万人の犠牲者はありえなかったし、東京、大阪などの大空襲での数十万人の犠牲者も生まれず、そして、南方の島々で数十万の兵士たちが餓死することもなかったはずだ、と平山さん。

「何よりも、朝鮮を植民地にしなければ、日本敗戦後に分断されることはなかった。ポツダム宣言をもっと早く受諾していれば、ソ連参戦もなく、朝鮮は解放後一つの国として復興を遂げたであろう」。戦後も日本と朝鮮の間は冷戦が続き、強制連行、「従軍慰安婦」問題など何一つ解決がなされず、そういう中で拉致事件が起きたと指摘する。

「だからこそ、小泉総理が2度も訪朝し、『両国間の敵対関係を友好関係に、対立関係を協力関係に変えるべきだ』と決意したのは正しいと思う」

広島出身の平山さんは旧制修道中学3年の1945年8月6日、被

平壌の楽浪遺跡の前で満面の笑顔の
平山さん（2004年4月16日）

爆した。爆心から3キロ。勤労動員先の陸軍兵器補給廠の作業小屋でのことだった。火の海の街、人々が傷つき死んでいく様を見た。白血球の減少で生命の危機にさらされた。だからこそ平和の貴さを誰よりも知る。三蔵法師がオアシスにたどり着く場面を描いた「仏教伝来」をはじめシルクロードの絵にはその祈りがこめられている。原点は原爆の地獄絵だった。

そうした平山さんの原爆犠牲者への鎮魂と世界平和への願いが、高句麗古墳壁画を守るために何度も朝鮮へと足を運ばせた。その行動力は芸術家の域を超えていた。

「爆心地から3キロ。私の中学校では201人が即死した。原爆の後遺症にも長い間悩まされた。だから、平和の尊さが誰よりもよくわかる」と。平山さんが終生貫いた平和のための行動と芸術の原点はそこにあった。そして、その傍らには常に美知子夫人が寄り添っていた。学長を務めていた東京芸大の卒業式でも、平山さんは巣立つ卒業生らに自らの訪朝体験に触れながら、「若い世代が朝鮮との平和の架け橋になってほしい」との言葉を贈り続けた。ワシントンやパリでの講演でも同じ思いを口にした。

平壌郊外には四神図で名高い江西大墓がある。平山さんが生前、訪朝のたびに立ち寄った縁の地である。「青龍、白虎、玄武、朱雀の堂々とした構成と筆力は圧巻。垂直な壁面に向かって懸腕直筆で一気に線を引く描写力は見事」と称えていた。平山さんが惜別した翌年、2010年4月、同地を訪れた記者に解説員の朴琴哲さんが涙ぐみながらこう語った。

「先生の訃報を聞いて、ただただ悲しかった。壁画古墳のために心血を注いでくださった先生の真心を私たちはいつまでも忘れないでしょう」と。

平山さんは文化という回路を通じて、国交のない朝鮮を訪ね、対話を重ね、平和への道をひたすら歩んだ。まるで巡礼者のように。

（2013年6月5日付）

生涯かけて朝鮮観の歪みを正し、民衆の交わりを説く

古代史・上田正昭

日本古代史、渡来人研究の第一人者として知られた上田正昭・京都大名誉教授が、病気のため2016年3月13日、死去した。享年88。

上田さんは、鋭い人権感覚から在日朝鮮人や被差別部落の問題に積極的にかかわり、その問題意識から、従来の学説を総合する独自の方法で研究を大成した。研究の足跡は天皇制に迫る古代国家論、古代朝鮮、南島文化、神祇と道教、日本神話、部落史、芸能史まで多彩。その膨大な研究には、古代史における朝鮮の役割を評価したいという史眼と信念が貫かれていた。約70年の研究生活で、著作は81冊、共編著は約541冊にのぼる。

「閉鎖的な自己中心精神」を批判

「渡来の文化は認めるが、渡来の集団とその役割を認めないという風潮はいまなお存在する。そうした見方が誤っていることは、その後の研究成果からも正されてきた。人間不在

上田正昭（うえだ　まさあき　1927～2016年）。兵庫県生まれ。歴史学者。京都大学教授、大阪女子大学長、アジア史学会会長、高麗美術館館長などを歴任。国文学、考古学、民俗学にも精通し古代社会を多面的にとらえ、朝鮮文化の日本文化への影響を研究。南方熊楠賞。著作に『日本神話』（毎日出版文化賞）『日本古代国家成立史の研究』『日本人のこころ』など。

の文化論によっては、古代日本の歴史と文化を正当に評価できるはずがない」。記者とのインタビューで何度も繰り返されていた上田さん。

高麗青磁、李朝白磁を愛でる日本人は多いが、それを生み出した朝鮮民族への敬愛の情が欠落していると嘆かれていた。「まわりを海で囲まれている弧状の日本列島は、文字通り『島国』である。『島国』なるが故に、とかく日本列島の歴史と文化は、この列島内部のみで形づくられたかに考えられやすい」と指摘し、「島国根性」といわれる「閉鎖的な自己中心の精神のありよう」に懸念を表していた。

戦争末期、空襲で、多くの友人を失った。「黒焦げになりながら、助けを求めて息絶える瞬間まで動いていた人々の姿が忘れられない。誰もが敗戦を覚悟していたのに、日本は『天皇陛下の御ために』と言いながら破局に向かっていった。天皇制とは何なのか。そう思ったのが古代史研究のきっかけです。私の研究生活は、あの悲惨な焼け野原から始まりました」（共同通信とのインタビューで、2015年11月）

1960年代の頃から、古代日本の歴史と文化の究明はアジア、とりわけ東アジアを軽視しては十分に果たすことができない、と痛感。朝鮮半島の北、南にはもとより、中国、沖縄にも数十回、足を運んだ。

こうした、上田さんの史眼の正しさは近年の発掘成果によっても、より鮮明に実証されている。「例えば、佐賀県の吉野ヶ里遺跡は、弥生時代における巨大な環濠《かんごう》集落として新たな問題を数多く提起したが、その変形の八角形墳丘墓の甕《かめ》棺墓から出土した、把頭《はとう》飾付有柄銅剣と同類のものは、慶尚南道茶戸里遺跡からみつかっているし、また、これに共伴したあの華麗なガラス製管玉と同種のものが、忠清南道合相里遺跡から出土している」

従来の見解では、環濠集落は朝鮮半島ではあまり例がなく、弥生時代の環濠集落のルーツは中国の江南地域に求める説が有力であったが、最近になって、慶尚南道検丹里で環濠集落が検出され、通説の再検討が改めて必要となっている。「そればかりではない。吉野ヶ里遺跡出土の埋葬人骨300体あまりの人類学的考察によれば、その多くが渡来型人骨である」ことが、明らかになった。

上田さんは、これらの発掘成果について、こう明言した。

「吉野ヶ里遺跡を、単純に日本人の遺跡とみなすような見方や考え方には、もとより賛成するわけにはいかない。日本民族を単一民族とみなす素朴な受けとめ方は、いまもなお日本の政治家・官僚のみならず、多くの人々の中に根強く生き残っているが、そうした曲解は、1910年代から日本の学界の中で提起され続けてきた複合民族説にかんする研究史をかえりみない俗説であり、実証的な歴史学や考古学・人類学などの研究成果を無視した、歪められた見方や考え方であるといわざるを得ない」

1965年6月の著書『帰化人』（中公新書）では、日本の歴史や文化において渡来人が大きな役割を果たしたと指摘するとともに、国家が成立する以前、戸籍が存在しない段階に、「帰化人」は存在しないことを明らかにした。その結果、ほとんどの教科書が「渡来人」と記述するようになった。2001年、桓武天皇と朝鮮の深い結びつきをめぐる平成天皇の発言は大きな反響を呼んだことがあった。桓武天皇の生母は高野新笠《たかののにいがさ》。百済の武寧王の子孫であると『続日本紀』に記述されている。上田さんがいち早く65年に著書でその史実に触れた時は、「近く天誅を加える」だの、「国賊上田は京大を去れ」だのという物騒な手紙や嫌がらせ電話に悩まされたと、振り返っていた。

雨森芳洲魂を現代に

上田さんが日朝問題を論じる時に、つねに指摘してやまないのが、第9次の朝鮮通信使の渉外担当（真文役）であった雨森芳洲《あめのもりほうしゅう》の思想と実践だった。対馬藩儒であり、外交家、思想家、教育者であった雨森芳洲は、その著書『交隣提醒《こうりんていせい》』で「誠信と申し候は実意と申す事にて、互いに欺かず争はず、真実を以て交り候」と力説した。豊臣秀吉の無謀な朝鮮侵略は、李舜臣将軍をはじめとする朝鮮軍や民衆の果敢な反抗によってあえなく敗北したが、その不幸によって歴史のきずなが絶たれたのではなかった。東アジアの中の日本の有様を思索し、実践した雨森芳洲は、朝鮮語、中国語にも精通。「鎖国」の時代に、釜山にわたって朝鮮の政治、経済、文化などを実地に学んで、それを生活と外交に体現した。そして、秀吉の朝鮮侵略を「無《む》名之師《みょうのいくさ》」（大義名分のない戦争）と論破した。上田さんは、この雨森芳洲の魂こそいまによみがえらせるべきだと語った。

日朝間の鋭い対立、敵対の時代に、「民際」の言葉を打ち出して民衆同士の交流

上田さんを囲んで記念撮影する女性同盟京都のオモニたち

を説き、朝鮮民族の平和統一と日朝国交正常化に惜しみない支援を寄せてこられた上田さん。「京都・朝鮮学校を支える会」の呼びかけ人を務め、京都の市民団体「日朝友好促進京都婦人会議」が1975年から催してきた「朝鮮文化をたずねる旅」の講師を30年にわたり、50回以上も続けてこられた。日本の中の朝鮮ゆかりの地を訪ね歩きながら、参加者たちは、上田さんの軽妙な語りに耳を傾けながら、古代の朝鮮と日本の関わりについて楽しく学んできた。

その長きにわたる旅の思い出を、「最初は古代のロマンを求めて参加する人も多かったが、実際に遺跡を歩き、史実に触れるなかで、自らの問題として日朝関係を考える人が増えた」と心から喜んでおられた。偏狭なナショナリズムの克服を願い、国家を超えた民衆同士の交わりの大切さを常に説き、実践した希有な歴史学者であった。

（2016年3月23日付）

他民族への畏敬の念を根本に

考古学者・斎藤　忠

考古学界の最長老・大正大学名誉教授の斎藤忠さんが２０１３年7月21日死去した。１０４歳。葬儀は近親者で営む。9月14日、お別れの会が都内で開かれる予定。

戦前から遺跡発掘に携わり、朝鮮半島も調査。戦後は文化庁の調査官を経て、東大教授や大正大教授を歴任。古墳時代文化と仏教考古学を専門とし、石舞台古墳や登呂遺跡、稲荷山古墳などの発掘に関係した。『日本考古学史年表』をはじめ多数の著書があり、亡くなる直前まで旺盛な研究活動に衰えはなかった。

考古学80年のひたすらな歩み

１００歳近くになっても元気に世界各地の遺跡を回り、年に3回は海外での遺跡調査をこなしていた。今から8年前の２００５年、斎藤さんが97歳の時、お目にかかった。1月には中国のアモイ、3月にはインドを訪問、夏には中国・杭州にある高麗寺の遺跡調査を

斎藤忠（さいとう　ただし　1908～2013年）。宮城県生まれ。文化財保護委員会主任調査官、東京大学教授、大正大学教授、静岡県埋蔵文化財調査研究所長を歴任。『斎藤忠著作選集』（全６巻）、『北朝鮮考古学の新発見』『古都開城と高麗文化』など。

続けられていた。また、その年の秋には開城・高麗寺院の霊通寺の落慶式にも出席された。

その時の喜びをこう語っておられた。

「私は、これまでの長い人生の間、各国の寺跡を訪れた。インドはもとよりアフガニスタン、タイ、カンボジアをはじめ中国の各地をも歴訪した。これらには、それぞれ寺院跡としての風格があり、私の考古学研究の意欲を燃やすものが多かった。しかし、今回訪れる機会に恵まれた霊通寺は、最も深く印象づけられるものがあった。その理由の一つは、この山路をとりまくすばらしい風景が錯綜して、私の心をとらえたためでもあった。『徒歩で登ること3時間』とあらかじめ驚かされたのであったが、幸いにもトラクターに乗ることができた。トラクターは細い山道の岩々や水溜まりを踏み越え、絶壁のわきを進む。私は前の人にすがりつく。しかし、この絶景をそのまま見逃すのは残念であり、片手にカメラを持ち、シャッターを切ることも忘れなかったのである」

みずみずしい感性と記憶力に驚かされた。「霊通寺は高麗時代の高僧・大覚国師の碑も残り、当代随一の名僧らが学問に励み、詩人たちが競ってその美しい景観を詩に詠んだ歴史に名高い所。本当はテントで1泊でもして、感激に浸りたかったが、狼が出没するということで断られた」と残念そうに語った言葉を思い出す。

朝鮮の遺跡の旅の全てを自らのカメラで記録している。寺院跡、その周辺はもちろん目にする山の景色、ひっそりと道端に咲く花々、そして暮らし、出会った人々の表情まで多彩に収集して、アルバムに収めてきた。

自らの背丈を超える著作の数

斎藤さんが遺した著書はぼう大な数にのぼる。「学者の理想は、生涯において著書を積み重ねて自らの背丈を超えるほどの高さにすることだ」と軽妙に語っていた。著書の数は背丈をはるかに超えて、この10年だけでも『日本考古学文献総覧』『斎藤忠著作選集』全6巻、『北朝鮮考古学の新発見』『高麗仏教資料集』『中国五台山竹林寺の記録』『日本考古学人物辞典』（650人収録）などを出版。そのため、書斎の机には、原稿や自らが映した世界各地の遺跡写真、さまざまな図録がうず高く積まれていた。

斎藤さんの著書は大著がほとんど。5年前、白寿（99歳）を記念して出版された『仏法僧の仏跡の研究』も、原稿は約1000枚、カラー写真100枚、さし絵も200枚を超える600ページの労作。この中には高句麗の仏法僧・玄遊が7世紀にスリランカまで辿った旅の事跡も詳しく書かれている。8世紀の中国（唐）で刊行された書物で確認されているという。8世紀に中国、インド、イラン、アラビア、シリアなど37カ国を徒歩で巡礼し、大旅行記『往五天竺国伝』を著した新羅の慧超より100年以上も早く高句麗僧が、シルクロードへの旅を敢行したことを証明したのだ。

はるかな歴史に刻まれたこれら先達の人類史への偉大な貢献。その足跡への畏敬の念が、斎藤さんを新たな研究へと駆り立ててきたのだ。

壮者をしのぐ研究実績と著作。ある時自宅にうかがうと、門まで自ら出迎えて、お茶も入れてくださった。インドでの遺跡調査に行ってきたと、顔は赤銅色に輝いていた。「大御所」と呼ばれ、重々しい肩書きも星の数ほどあったが、腰が低く、気さくな人柄。長寿の秘訣については「1日、1月、1年の目標をきちんと立てて、それに向かって邁進することと、常に探求心と好奇心を忘れず仕事に取り組むことが大切」だと飄々と語られた。

金錫亨氏との縁を大切に

斎藤さんは植民地時代の1939年、平壌市郊外の遺跡調査なども担当し、慶州博物館の館長などを歴任した。それから48年後の1987年、初訪朝を果たした。その時の強い印象を「朝鮮は清潔であり、静粛であり、人々に真摯さがある」と述べ、「朝鮮戦争で焼失し、荒廃の危機にさらされていた古刹である広法寺・普賢寺・表訓寺などを見事に復興させた朝鮮の人々に深い敬意を表する」と語った。

「97年10月、平壌での寺院の視察の帰りがけに牡丹峰で、金正日総書記の推戴を祝う人々の踊りを目撃しました。実に楽しそうで、明るくて。カメラに収め、手をあげると、喜んで手を振ってくれた。とても麗しい光景であった」

「開城の発掘現場では、若い人たちが休み時間になるとシャベル、鍬などの道具をきちんと揃えているのを見た。こんな美しい姿は、日本ではもう見ることはできない。儒教精神なのだと思う。礼儀の大切さが脈々と生き続けていることに非常な感銘を受けた」

斎藤さんと共に朝鮮を旅した林亮勝・元大正大学学長（故人）は、「斎藤先生には、朝鮮民族が産んだ文化への深い敬意と、誠実に今日を行きようと努力している人々に対する共感の念がある。私にはその温かさが感じられた」との印象記を残された。

また、京城帝国大学（現・ソウル大学）史学科の出身で、朝鮮の考古学界の重鎮、金錫亨・社会科学院院長が１９９６年11月に死去した際、長きにわたる２人の交流を振り返りながら、斎藤さんは心に染み入る追悼文を本紙に寄稿された。

「金錫亨氏は『古代朝・日関係史』『朝鮮封建時代の農民の階級構成』などすぐれた著書をまとめた。そして一貫していだいていた歴史観は、『朝鮮史を朝鮮人の歴史としてとらえるべきである』ということであった」、「金錫亨氏には、卓絶した高邁な識見があった。１９４０年にソウルのパコダ公園キリスト教青年館で開かれた弁論大会で、朝鮮民族の単一性と悠久性とを堂々と論じた1人の青年がいたという。その青年こそ、若かりしころの博士であったのである」と。そして金錫亨氏が亡くなる1年前、平壌を訪ねた斎藤さんと闘病中だった金さんは最後の対面を果した。斎藤さんは「先生！」と叫んで、万感の思いを込めて金錫亨氏の両手を抱えるようにしてしっかりと握っていたという。

考古学80年のひたすらの歩み。人間に対する深い洞察力と情感、各民族が生み出した文化に対する深い敬愛の心を貫いた生涯であった。　（２０１３年8月12日付）

朝鮮考古学界の重鎮・金錫亨氏との貴重な１枚（1996年）

「はじめに日本人ありき」の思い込み覆す

日本中世史・海民史・**網野善彦**

2004年2月の惜別後もその著書が人々に大きな影響を及ぼしている希有な歴史家の一人。専攻は日本中世史・海民史。『網野善彦著作集』（全18巻＋別巻・岩波書店、07年－09年）をはじめ多くの著書がさまざまな出版社から刊行されている。柳田国男以来、日本社会の基軸は農業と農民にあると考えられてきたが、中世の鋳物師を追跡するうちに、全国を自由に往来する職人や遍歴の民を中心とする、もう一つの中世的世界をあぶり出した。百姓イコール農民ではない、7世紀末以前には日本も日本人もこの列島に存在しなかった……「日本」の歴史の「常識」や「通念」を根底から問い直した網野さんの仕事は、「網野史学」として多方面に圧倒的な影響力を及ぼした。網野さんは、いわば「はじめに日本人ありき」ともいうべき思い込みが、現代日本人の歴史像を極めてあいまいなものにし、自身の自己認識を非常に不鮮明なものにしているとし、日本列島と朝鮮半島の歴史的関わりについても縦横に語っている。

網野善彦（あみの　よしひこ　1928～2004年）。山梨県生まれ。神奈川大学短期大学部教授、同大経済学部特任教授などを歴任。『「日本」とは何か』『異形の王権』『無縁・公界・楽』『日本社会再考――海民と列島文化』など。

「事実に即してみれば、『日本』や『日本人』が問題になりうるのは、列島西部、現在の近畿から北九州にいたる地域を基盤に列島に確立されつつあった本格的な国家が、国号を『日本』と定めた7世紀末のことである。それ以降、日本ははじめて歴史的実在になるのであり、それ以前には『日本』も『日本人』も存在していないのである。そのことをまず、明確にしておかなくてはならない。朝鮮半島、日本列島、大陸の海を通じての交流は、『日本』が出現する以前から密接に行われていた。古代でも、百済との間では通訳が置かれていない。百済の王族は天皇家とも姻戚関係にあった。古くから、様々な人の交流が列島外の世界との間で行われていたことは確実である。日本列島はアジア大陸の南北を結ぶ懸け橋だ。縄文時代以降、大陸の内陸文化が北方から列島に入り、西からも南からも様々な文化が入ってきた」

「常識」や「権威」嫌う

網野善彦さんの甥で、宗教学者、文化人類学者で、明治大学特任教授の中沢新一さんも『僕の叔父さん 網野善彦』（集英社新書）の中で、幼い日からの出会いから濃密な時間を共有し、学問や人生、友情を温めてきた至福の日々を回顧してこう語っている。「敗戦を境にして、すべての価値観が覆った体験を通して、それまで『常識』だと思われたものや『権威』というものを疑い、嫌った。網野さんは偉ぶることがない学者だった」さらに、「網野さんは破綻した人、過剰のものを抱えた人、なりふり構わない人に物凄い好奇心を持っていた。まとまった人間、外側だけをカッコつけている人間、頭の良い冷酷な人間が大嫌いだった」

生前、網野さんは「歪んだ歴史観が侵略戦争を起こす」と、繰り返し警鐘を鳴らし続けた。「明治以降の政府が選択した道は、『日本』を頭から『単一』などと見るまったく誤った自己認識によって、日本人を破滅的な戦争に導き、アジアの人民に多大な犠牲を強いた、最悪に近い道であった」と。中沢さんは日本社会に網野さんの歴史認識が浸透していれば、日本と朝鮮半島、アジアの間には、もっと平和的な関係が築かれていただろうと確信してやまない。

「しゃらくさい」と怒る

網野さんはなぜ、中国、朝鮮民族への蔑視が明治以降の日本社会に深く根を下ろしたのかについて、こう語っていた。

「日本が『孤立した島国』というのは、明治国家が国民に刷り込んだ誤った考えである。古代に『日本国』という国家ができた時の反新羅の姿勢が明治以降増幅された。神功皇后の『三韓征伐』の伝説と秀吉の『朝鮮征伐』の論理が結びついて、明治政府の朝鮮侵略が展開されていった。明治になってすぐ神功皇后は紙幣の肖像に取り上げられた。明治政府は、日本が神の子孫＝天皇の統治する国であるという記紀の神話を『事実』として『国史』の教育を行い、国民をまとめてしまった。そして、この見方から、アイヌ、琉球人の

『民族的』な個性は無視され、さらに、中国大陸・朝鮮半島の人々——『シナ人』『朝鮮人』に対する蔑視が日本人の中に深く根を降ろしていった。そのような歪んだ歴史をすべて動員して国民を教育した結果、関東大震災の朝鮮人虐殺が引き起こされたのである」

19世紀後半から20世紀前半にかけての日清・日露戦争、第2次世界大戦を通じて、「大日本帝国」が台湾、南樺太、朝鮮半島を植民地にし、「満州」にまで侵略していった背景には、農業、食糧問題が意識されていたのは明白であると網野さんは考えていた。そして日本人は北海道のアイヌの世界や「ウタキ」を信仰する沖縄に対してもそうしてきたように、水田を開拓すると共に、そこに必ず鳥居を持つ「神社」を建て、その地域の人々にその信仰を強要したと批判した。

「これは『大和民族』の優越意識と結びついて、長い歴史と独自な文化を持つアイヌや琉球、さらに植民地とした台湾、朝鮮半島の人々の固有の言語を否定して日本語の使用を強制し、創氏改名までさせて、『皇民化』を徹底させた驚くべき無神経な姿勢とまったく共通するものであり、第2次世界大戦を通じてはかり知れない苦痛をアジアの多くの人々に与えた事実を、われわれははっきり認識すべきである」

記者は生前、何度かお会いしたことがあるが、学問への飽くなき情熱をいつも穏やかな微笑に包んで話をされていた。しかし、その温厚な表情が一瞬、強い怒りに変わったことがあった。90年代半ば、「国民の誇り」とか、「慰安婦は商行為」などの「自由主義史観」を掲げる人々が台頭していた頃である。網野さんはその時、こう述べられた。「『従軍慰安婦』が兵士以下の奴隷的な状態に置かれていたことは疑いない。戦場に『従軍慰安婦』を住まわせて、兵隊が行列を作って並ぶなんてことは、どこの国でもやったことはないのではないでしょうか。今頃『国民的な誇り』などといわれたりするとしゃらくさいという感じを持つ」

1928年生まれで、軍隊体験を持つ「戦争世代」の網野さんは、国家主義的な動きを強めつつあった日本国内の状況に激しい嫌悪感を露わにされていたのである。

改憲を俎上に乗せ、新たな戦争へと踏み出そうとする安倍政権の跋扈を見る時、極めて説得力を持つ言葉であった。虐げられた女性や民衆に強い共感を寄せ、反骨の気概あふれる人間味豊かな言葉で歴史を語り、アカデミズムという狭い世界を打ち破り、生身の人間の暮らしを根源的に探求し、思索し記録する歴史学の構築に猛烈なエネルギーと情熱を傾けた生涯であった。

（2016年8月3日付）

騎馬民族説——朝鮮半島から多くの人々が日本に渡来した

考古学者・江上波夫

今から約70年前に発表された、考古学者で東大名誉教授の江上波夫さんのいわゆる「騎馬民族征服王朝説」。「日本における統一国家の出現と大和朝廷の創始が、東北アジアの夫余系騎馬民族によって4世紀末～5世紀前半ごろに達成された」という仮説だ。皇国史観の呪縛にあえいでいた敗戦直後の日本史学界にセンセーションを巻き起こし、今なお日本の古代史ブームを支えている。江上さんは生前たびたび訪朝し主席と4回会見した。このの仮説のミッシング・リンクをつなぐ歴史的発見が朝鮮半島で相次いだことも江上さんの大きな喜びであった。

高句麗会会長の伊藤利光さんは、江上波夫さんに付き添って何度も訪朝した。金日成主席の生誕80周年（1992年4月15日）に際して、張徹《チャンチョル》副総理（当時）から招待状が届き、江上さんと秘書の広瀬一隆さんと伊藤さんの3人で訪朝した。伊藤さんは、当時のことをよく覚えている。15日朝、朝鮮対外文化連絡協会より宿泊先のホテルに電話が入り、

江上 波夫（えがみ　なみお　1906～2002年）。山口県生まれ。考古学者。東大教授、日本オリエント学会会長など歴任。1948年に騎馬民族征服王朝説などを発表。その要旨は、「日本における統一国家の出現と大和朝廷の創始が、東北アジアの夫余系騎馬民族によって、4世紀末～5世紀前半ごろに達成された」と推論して、一大センセーションを呼び起こした。

正装してすぐに金日成競技場に入るようにと指示があった。開場前の10分間、主席と江上さんの2回目の対面が実現した。主席から日本で開催された「高句麗文化展」（江上波夫実行委員長）についての謝辞があり、今後も引き続き協力するよう要請があった。「高句麗文化展」は、85年から87年にかけて日本の主要都市・東京、大阪、京都、神戸、名古屋、福岡、新潟、金沢、松江、鹿児島、岡山などで開催され、日本列島に一大高句麗ブームを引き起こした日朝学術・文化交流であった。

江上さんは日本経済新聞（94年7月29日付）の「私の履歴書」で主席の思い出を次のように書いている。

「最近亡くなった朝鮮民主主義人民共和国（北朝鮮）の金日成主席には、朝鮮総連の依頼で『高句麗文化展』を世話したのが縁で知遇を得た。かつて、長白山の虎といわれた『英雄』とは信じられないほど違って、普通の会社の社長さんのような印象を受けた。しかし、その国の実際を見るに及んで私は驚嘆した。そこは世界ではありえないような『英雄叙事詩の国』であった。壮大な競技場、立派な図書館をはじめすべてが『手づくり』の国であった。私はそれを見て、古代のモニュメンタルな建造物がどのように造られたのかを実感することもできた」

伊藤さんは「偉大なる英雄金日成主席を江上波夫は理解し尊敬し、大好きな人であったと思われる。主席の気持ちも同じであったように見えた」と述懐する。

こうした証言にあるように、江上さんは生前、主席と温かい親交を結んでいた。主席逝去の訃報の際には、「悲しいことだが、残された人々がスケールの大きな、夢のあるエポス（英雄叙事詩）の国造りを引き継いでほしい」と励ましの言葉を朝鮮新報に寄せた。

「騎馬民族説」の一大ブーム

江上さんはいわゆる「騎馬民族説」を発表した当時（1948年）を振り返って記者にこう語ったことがあった。

「当時は、右からも左からも大変な批判を受けたもの。『右』の人は、天皇家の祖先が、とんでもないと。『左』の人は、発想は大胆だが、実証性がないと。しかしこの半世紀の間に、予期しない新資料の発見によって私の説は、いよいよ全面的に裏付けられることになった。望外の幸せです」

江上さんの学説は、ユーラシア史、西アジア史、東洋史、日本古代史といったどの領域でも、雄大なスケールと綿密な実証とによって日本の考古学にはかりしれない影響力を及ぼした。

その尽きぬ情熱と行動力は、晩年になっても衰えを知らなかった。85歳の時に朝鮮に2回、韓国に3回、そしてシリア、モンゴル、中国にも出かけて、遺跡、遺物の調査に当たった。極寒の大陸奥地から猛暑の砂漠まで、文字通り世界を駆け巡るめざましい活躍ぶりに驚いた。「体調を崩しても、砂漠で自動車に揺られていると不思議と治ってしまう」

とケロッとしていた。

92年秋には、朝鮮の鴨緑江沿い、慈江道雲坪里に点在する高句麗の積石塚を、古墳研究の第一人者・森浩一同志社大学名誉教授（故人）と一緒に調査した。もちろん外国人学者としては初めての現地入り。ＮＨＫ取材班も同行した。

「金日成主席のお声がかりで実現できたと聞いた。大雨が降って山が崩れ、水没してしまった道を軍隊が通れるようにしてくれ、感激した」と江上さんは喜んでいた。この現地調査ではおよそ30基の積石塚を見た。「そのうちの一つは日本の前方後円墳と同じものだった。山陰地方に多く見られる四隅突出型の墳墓もたくさん確認した。今、発掘が盛んに続けられているが、こうした墳墓は１００基から２００基はあるということで、全容が分かれば日本にも大変なインパクトを与えることになるだろう」と予測していた。

そこの古墳を見たお二人の第一声は「前方後円墳に間違いない」だった。森さんによれば、その全長は23メートルほど。日本の前方後円墳のように大きくはない。しかし、日本の初期の前方後円墳と同じように前方部は低く、方形であり、後円部は高く盛り上がっている。

「日本の古墳群の特徴の一つは、多種類の古墳が共存していることだ。中国の古墳群をみると、たとえば西安周辺では四角い古墳、方墳ばかり。大きさが違うだけ。この雲坪里のは共存タイプですね。しかも平面図で見ると中心的な場所に前方後円墳がある。そうすると、今のところ、日本列島と朝鮮半島南部を含めてたくさんある前方後円墳のなかでここが一番古いといえる。ですから、ここだけかどうか分かりませんが、ここが日本の前方後円墳の源流の地であった可能性は非常に強まったと思う」

江上さんが興味をそそられたのは墓槨の位置にあった。

「雲坪里のものは、人を埋葬した部分、墓槨が積石塚の比較的上の部分にある。これは日本の古墳と共通している。ですから日本の古墳はこの地の積石塚築造の思想と共通するものがあると考えられる。上の方に埋葬するのは、遺体を守るということより、被葬者の地位を表すために墓が作られたと考えられます。シベリアでは普通、墓槨は下の方に、中国でも地下に造ります」

四隅突出型古墳の発見

雲坪里古墳群のもう一つの特徴は、前方後円墳と並んで四隅突出型に似た積石塚が多数発見されたことだ。戦後の考古学の大収穫の一つといわれるのが、東海（日本海）地域に広く分布する四隅突出型の古墳。これによって、大和に古墳が造られる以前、つまり弥生時代に、前方後円墳と全く違う形の古墳が朝鮮に存在していたことが明らかになったのだ。大和朝廷の勢力の進展に伴って日本列島各地に造営されたという、それまでの古墳についての定説が、四隅突出型古墳によって崩れたのである。

江上さんによれば、雲坪里の前方後円型と四隅突出型の古墳という二つの要素の発見は、偶然で済まされるものでなく、日本にも大変なインパクトを与えることになるという。

「雲坪里の二つの要素を持つ積石塚は、日本独特と考えられてきた前方後円墳はもちろん、四隅突出型古墳の源流がここ鴨緑江流域にあったということがいえますね」と森さんも指摘する。「ここは船の往来の盛んなところだった。この里も船着場だった。ここにも相当有力な集団がいたのは、まず間違いないですね。ここから河を下れば朝鮮西海に至り、あとは陸路でソウル、そして漢江の河口から朝鮮半島南部まではそう難しい航海ではなかったでしょう」

雲坪里の積石塚の築造は、紀元前後から6世紀までの期間にまたがる。一方、6~7世紀に典型的な積石塚が大量に出現した長野県。その関連にも興味がわいてくる。「平安時代の『新撰姓氏録』を見ても高句麗の王の子孫と称する人たちが山城の国に住んでいた、ということですから、やはり古い時代からこの鴨緑江流域から日本にやってきたのは間違いない。古い時代にも来る、その次にも来る、何世紀にも渡って波が押し寄せるように日本にやって来た。その中のどの時代かは確定できないけれど、大和王権の新しい支配者がやってきたという見方も魅力的です」というのが森さんの見解だ。

江上さんは、鴨緑江沿いの積石塚を実見して「騎馬民族説」がいよいよ全面的に裏付けられることになった、と喜びを隠さなかった。これによって朝鮮半島から多くの人々が幾たびにもわたり日本に渡来してきたことが、ますますはっきりしてきた、と目を輝かしていたのを思い出す。

江上さんは鴨緑江を去る時、現地調査に心からの協力を惜しまなかった村人らに、感謝の気持ちを込めて詩を送った。

山は錦繍を織り／江は瑠璃《るり》を流す／冬色深し雲坪里／その山を枕とし／その江を温突《おんどる》とし／二千年の夢より醒め／異国の友に歴史を語る／我は積石塚の主／この邦の耆宿《きしゅく》也

壮大な歴史のロマンを追う考古学者の胸の高鳴りが伝わる瑞々しい詩ではないか。

騎馬民族は好奇心旺盛

「高句麗は、騎馬民族が造ったものだから、僕は親近感をずっと持っている。朱蒙という歴史的な英雄が、強大な国家を築き、立派な文化を創造した。そこが朝鮮の金日成主席と似ている点。政治、軍事、国際性に富む高句麗の末裔である北。農耕の民として経済活動に適した南。歴史的な視点から見ても、南北朝鮮がお互いの利点を尊重しあって、連邦制による統一国家をつくるべきだと思う」

「騎馬民族というのは、好奇心が旺盛で、文化的なことが好きなんだ。働くのが嫌いでね、そこが僕と合うんだ」。高句麗の始祖王・朱蒙と20世紀の英雄・金日成主席を重ねながら、歴史のロマンを語り続けた江上さん。今もその言葉を懐かしく思い出す。

（２０１７年9月27日付）

「積石塚は高句麗に起源」、古代日朝交流の謎を解明

考古学・大塚初重

日本の古墳研究の第一人者として「日本考古学界の至宝」と称えられている大塚初重・明治大学名誉教授。今年（２０１３年）11月には90歳を迎える。日本の戦後考古学の揺籃期からほぼ半世紀にわたって積石塚、前方後円墳などの古墳研究をリードしてきた。日本考古学協会会長などを歴任した大塚さんは、かねてより朝鮮半島と古代日本の濃厚な文化的交流をさまざまな側面から明らかにしてきた。

大室古墳群の起源は高句麗の墓制

とりわけ高句麗に起源をもつ墓制ということが、約半世紀にわたる研究の過程で明らかになった長野市の大室古墳群。積石塚のメッカとして日本最大の規模を持つ同古墳群の解明に、明治大学考古学研究室の助手の頃から関わってきた。特定の遺跡を対象に、大学の調査がこれほど長期間継続されたのは異例のこと。地味ながらも着実な成果を重ね、謎の

大塚初重（おおつか　はつしげ　1926～）東京都生まれ。日本考古学界の第一人者。明治大学名誉教授。登呂遺跡（静岡）、綿貫観音山古墳（群馬）など多くの遺蹟の発掘調査に携わり、長らく母校、明大の教授を務めた。日本学術会議会員、日本考古学協会会長、山梨県立考古博物館館長などを歴任した。編著書に『日本古墳大辞典』、『最新日本考古学用語辞典』、『東国の古墳と大和政権』など。

ベールに包まれた積石塚の実像を明らかにしたのである。

大室古墳群を初めて訪ねた当時のことを、大塚さんはこう振り返ったことがある。「私の担当した大室谷の積石塚の中には、一木一草もなく冷たい安山岩の塊石がそれこそ足の踏場のないほど密集して、まさに荒墓の場という慄然たる状景を呈していた。全山が杉林であった大室谷は昼なお暗い古代の墓場だった。……積石塚は渡来人の墓とする定説であったから、この多数の積石塚を築いた人々の渡来の時期や目的がどんなものだったのか、どのような集団構成だったのか、彼らの居住した村落の場所や規模について思いをめぐらした」。それから約半世紀。「世間の時流に惑わされることなく、地道な研究を重ね」、遂に、大室古墳群の造営が5世紀半ば頃から開始されたことが確認され、被葬者が軍馬の生産に当った「渡来系の技術者集団の可能性」が明確となった。

また、大塚さんは、2004年、平壌の高句麗古墳群が世界遺産に指定されたときも、祝意を寄せ、「高句麗古墳壁画は、古代東アジア世界の宇宙観や死生観に基づく、高句麗の人と社会の現実をみごとに表現したもので、高松塚古墳やキトラ古墳での壁画発見は、単に絵画描出の輸入ではなく、死後の世界をどのように理解するかという精神世界観が、古代日本の社会に受け入れられていたことを示す点で貴重な宝である。高句麗壁画古墳の世界文化遺産の指定は、朝鮮民主主義人民共和国の人々にとっては喜びであり、民族の誇りであるが、東アジア全域の人々にとっても、古代の宇宙、世界観の共通性を知り、改めて現代社会に生きることを共感できるのが何よりも嬉しい」と述べた。

九死に一生を得た戦争体験

大塚さんが考古学を学んだきっかけは、悲惨な戦争体験にあった。1945年4月14日、海軍一等兵曹として、佐世保から中国・上海に向かう途中、乗っていた船が、米軍の魚雷攻撃で爆発炎上。五百数十人中、助かったのは百人ほど。

「船倉で私の両脇に寝ていた親友2人は砲弾が命中して一瞬のうちに命を失った。甲板に逃げようとしたが、船底は燃え盛り、魚雷は爆発し続け、積んでいたトラックなんかはドドドドッと落ちていく。まるで地獄だった。ふと見上げるとちぎれたワイヤーロープが、揺れていた。その一本に飛びついた。そうしたら、誰か私の脚にしがみついてくる人がいた。二人も三人もしがみついてくるので、私の身体がずるずる燃えている船底に落ちていく。無我夢中で私はその人たちを両脚で蹴落とした。まさに芥川龍之介の『蜘蛛の糸』の世界、断末魔の世界ですよ」

幸い、済州島の親切な漁民親子に救出され、九死に一生を得た。

「浜辺から家に連れて行ってくれて、おばあちゃんがキビのおかゆをスプーンで私の口に入れてくれたり、島の丸っこいサツマイモを蒸かしてくれて、『アイゴー、アイゴー』と言いながら、おばあちゃんは私の背中を何度も何度も優しくなでて、サツマイモの皮をむいて口に入れてくれた」

その後、「命の恩人」にもう1度お礼をと、2度ほど済州島を訪ねたが、捜しだせず心残りだと語る。

大塚さんは命からがら門司に戻ったが、その日のうちに再び上海渡航命令を受けて、出港。そして4時間後にまた、米軍に撃沈された。

2度も冷たい海に放り出され、一昼夜、東シナ海上を漂いながら、それまで学校で学んだ「神国日本は不滅」の皇国史観はウソだと思った、と大塚さん。

「船は沈み、東シナ海で2回も漂流し、目の前でどんどん戦友が死んでいく。これは何だ。神風が吹く、という自分が今まで叩きこまれた神話にもとづく日本の歴史はいったい何だったんだと思った、もし生きて再び日本の土を踏めたら、小学生でもいい、中学生でもいい、白墨の粉を浴びながら子どもたちに正しい科学的な歴史を教えようと心に誓った」と振り返る。

捕虜として復員した大塚さんと朝鮮半島からの引揚者として帰国した作家・五木寛之さんの対談をまとめた本が何年か前に出版されたことがある。『弱き者の生き方』（毎日新聞社刊）。「一介の弱き者」としてあの苛酷な時代を潜り抜けてきた2人の率直な対話が綴られている。

五木さんはこの書の中で語っている。

「希望を語ることはたやすい。人間の善き面を指摘することも難しくはない。しかし、絶望のなかに希望を、人間の悪の自覚のなかに光明を見ることは至難のわざである。大塚先生のお話には、それがあった。私は戦後数十年にわたって背負い続け

大室古墳群は、長野市松代町大室にあり、国指定の史跡。約500基の古墳の中には、盛り土をした盛土墳（前方後円墳など】もあるが、8割近くが小石を積み上げて墳丘とした渡来人墓制である積石塚。

てきた重いものを、はじめて脇におろしたような気がしたのだ」

大塚さんはすべての教職を去った後も、請われて明大「リバティー・アカデミー」で、月2回の講演を引き受けてきた。1回の講座は120分、受講者は200人を超える超人気となっている。かつて暗い海で誓った歴史教育への思いは深い。

「近年の南北朝鮮、日本など東アジア全域にわたる積石塚、前方後円墳、四隅突出型古墳などの発掘の成果は、海を介した大陸と朝鮮半島、日本の緊密な交流の足跡をまざまざと教えている。積石塚の発掘を手がけて60年近くになるが、朝鮮半島から人とモノが古い時代にも来る。その次にも来る。何世紀にもわたって波が押し寄せるように日本にやってきた、ということがいえる。海こそ文化の潮であり、導き手なのです」

「日本の考古学界で戦争に行った者は、多分、私一人になったと思う。命の続く限り努力をしたいと思う」と。快活で人間味あふれる語り口。難しい考古学の話にも、思わず引き込まれた。

（2013年3月9日付）

3

声をあげ、行動しよう

日本現代史の闇を追いかけて

詩人・石川逸子

詩集『砕かれた花たちへのレクイエム』『揺れる木槿花』（花神社）『定本　千鳥ヶ淵へ行きましたか』（影書房）、『日本軍「慰安婦」にされた少女たち』（岩波ジュニア新書）などの作者で日本軍性奴隷制の被害女性たちの想像を絶する苦難の数々を描いてきた詩人の石川逸子さん。少女像を詠んだ詩「少女」に思いが凝縮する。

「少女」を詠む

戸外の椅子に　すわりつづける少女
秋の日も　真冬にも
さらさらと雪は降り
少女の黒髪に　膝のうえに　降りつもる
あなたは　故郷からはるかに遠い南の地で

石川逸子（いしかわ　いつこ　1933～）。東京都生まれ。詩人。中学教師のかたわら詩作をつづけ、61年「狼・私たち」でH氏賞をうけ、社会派の詩人としてみとめられる。1982～2011年、季刊ミニコミ誌「ヒロシマ・ナガサキを考える」を発行。86年詩集「千鳥ヶ淵へ行きましたか」で地球賞。詩集『ゆれる木槿花（ムグンファ）』詩集『砕かれた花たちへのレクイエム』、岩波ジュニア新書『『従軍慰安婦」にされた少女たち』など。

爆撃に倒れたのか　飢え死んだのか
あるいは　だまされて連行された　中国の「慰安所」で
日本軍兵士に逆らい　斬られたのか
うつされた性病で病み死んでいったのか
——「慰安婦」ではない　性奴隷でした——
辛くも生き残り　解放後も辛苦の生を送った
かつての少女たち　今　年老いたハルモニたちは
かつての自分のうら若い面影に
手をさしのべ　少女の髪の毛に降る雪を
そっと払いのける
韓国・ソウルの日本大使館前
ものいわず　すわりつづける　少女
数万にもおよぶという　被害者たちの
悲憤を　やわらかな胸に抱いて
すわりつづける　少女
なお　地球のあちこちで
起きつづける　あまたの　少女たちへの陵辱にむかって
しっかと目を見開き

雪に濡れながら　すわりつづける少女の像

２０１５年の12・28「日韓合意」に怒りを強める石川さん。「最終的かつ不可逆的な合意」だとうそぶき、「10億円」を支払ったと繰り返す安倍首相の一連の発言について、「加害国の首相の発言とは思えない」「まるで、札束をポイと放り投げて、これをやるから、口をつぐめというひどい話」と憤る。そこには、被害者の人たちの気持ちに寄り添う誠実さがかけらもなく、ただ、「未来志向だから、もう忘れて、なかったことにしよう」とする傲慢な態度でしかない、と。

なぜ、反省もなく、こうした妄言が繰り返されるのか。石川さんは、ナチスに時効なしと加害の追及と被害の救済を続け、戦争責任をしっかり果してきたドイツと比較しながら、「日本の政治も国民意識もそのことを恥じていない風潮がある」と指摘する。

「戦後、国民の多くが、米国の物量に『大和魂』が負けたのだと思い、モノの豊かさを求めて経済大国への道をまっしぐらに突き進んだ。戦前の日本はアジアを蔑視し、ヨーロッパの仲間入りに腐心した。文化ではなく、欧米の帝国主義的膨張政策を真似た。戦後もアジアの一員がアジアに攻め入った反省はなく、最高責任者の天皇の戦争責任は免責され、戦犯の岸信介は首相になり、いま、その孫が首相の座にある」

心で学び、胸に刻もう

石川さんの詩業は「日本現代史の闇を照らす清らかな光」（詩人・佐川亜紀さん）と高く評価されている。詩だけではない。石川さんは封印された史実を身を削るように熱心に調べ、記録してきた。「かつての戦争で失われたおびただしい命たち、非業の死者たちの無言の叫びに耳を傾けて、一人ひとりが自分のスタイルを持って『これではいけない』という思いを広げていかなければ」と発行してきたミニ通信「ヒロシマ　ナガサキを考える」。１００号を重ね、惜しまれつつ２０１１年の末に終刊となった。しかし、その後も「風のたより」を不定期に出しつづけ、歴史の暗部を丹念に掘り起こし、被害者に寄り添い、さまざまな声を広く紹介してきた。沖縄や被爆者を訪ね、話を聞き、詩をつくり、通信を編む……。１９８２年、49歳のときに、通信を発行して以来、35年の歳月が流れた。

石川さんが、ミニ通信を発行するきっかけになったのは、長崎出身の被爆者であり、東京葛飾区・上平井中学校で「広島修学旅行」を始めた江口保さんとの出会いがきっかけだった。以来、石川さんは、在日朝鮮人、在韓・在ブラジル被爆者、第五福竜丸、チェルノブイリのヒバクシャの声、また、日本のアジア侵略戦争に動員され、その大半が飢餓で悲惨に死んだ

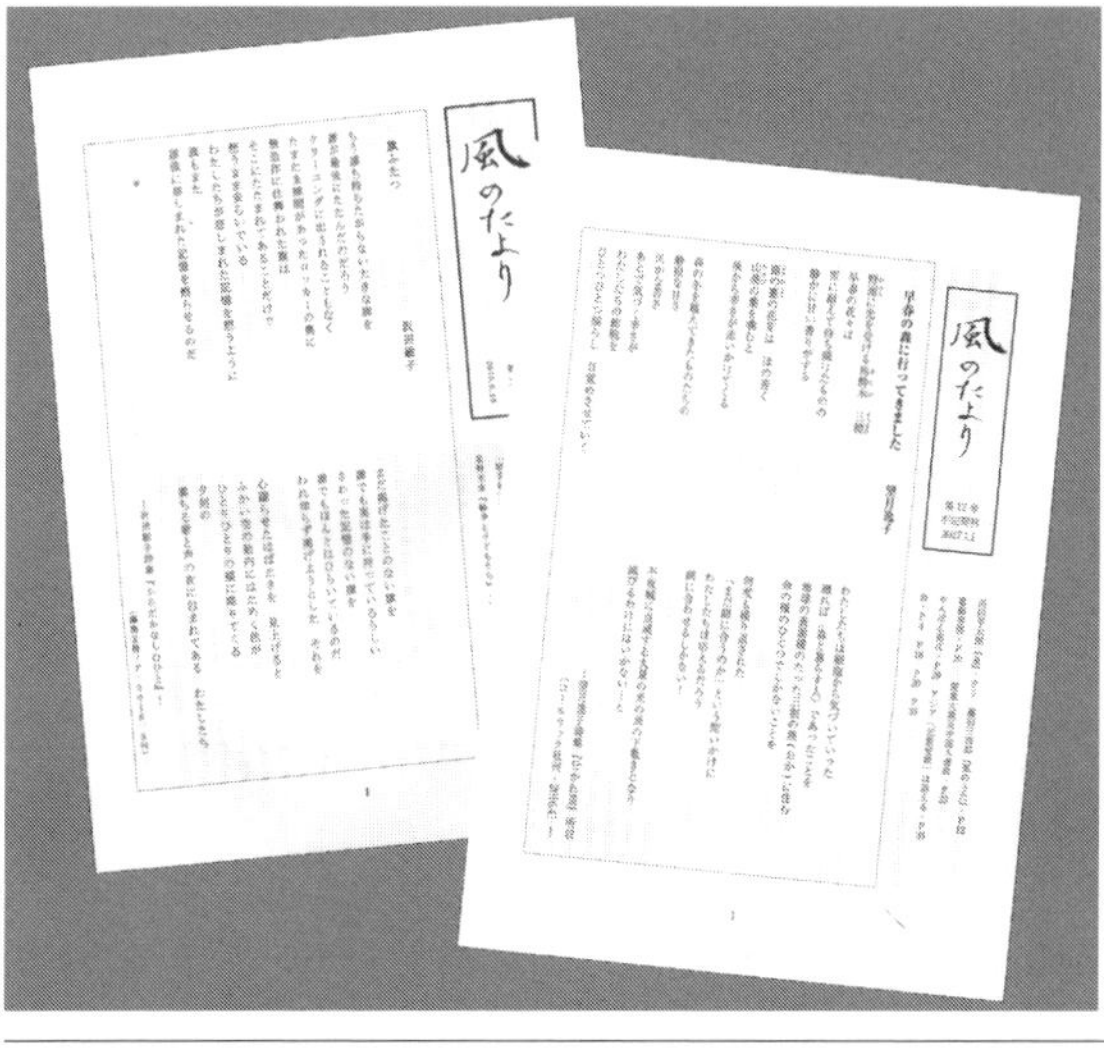

ミニ通信「風のたより」
（17年1月1日号）

兵士、また彼らに殺害、略奪、強姦されたアジアの人々の声を聞き取っていった。

そこで出会った人々――。88年、東京で開かれた在韓被爆者問題シンポで出会った大邱に住む金分順さんについて、石川さんの記憶は生々しい。

金さんの父は1919年の3・1運動に参加し（叔父は日本人にピストルで射殺された）、母とともに逃げて広島の知人のもとへ。両親は懸命に働き、6人の子どもが生まれる。金さんは日本の学校で学ぶ。挺身隊のうわさが流れ、18歳であわてて結婚させられる。夫は鋳物工場で昼夜働き、19歳で娘・和子ちゃんが誕生。生後5カ月のとき、母子で被爆（家の下敷きになったのを、近所の中村タカシ君が助けてくれた）。被爆して6日目に親戚の家で娘が死亡。重症の金さんは死にゆくわが子を抱くこともできなかった。父は会社からの勤労奉仕で集合のため県庁に出かけて以来、行方不明（母は76歳で死ぬまで日暮れになると父を待ちわびた）。一家で引き揚げ（母は広島駅で警官に靴で蹴られ、早く帰れ、チョウセンジンと罵声を浴びせられた）。

韓国の夫の実家に帰ったあとも地獄のような生活が待っていた。言葉が分からず、字も読めず、体重は27キロに。原爆症で左眼が開かず、腕がくっついたまま、家を追われ、死をさまよう。探しにきた夫も原爆症で寝込み、苦労の歳月を送った。子どもが成長した後、金さんは辛苦する韓国の被爆者のために奔走してきた。

「広島で自分を可愛がってくれた人たちは好きだが、日本政府はなぜ、賠償しないのか」と問う金さん。東京・江戸川滝野公園追悼碑には娘・和子ちゃんの名前が刻まれている。

96年、その碑を訪れた金さんは碑の前で慟哭し続けた。なお、在韓被爆者については『引き裂かれながら私たちは書いた——在韓被爆者の手記』（御庄博実と共編、西田書店）に詳しい。

また石川さんは、敗戦から72年も経つのに、「最も迷惑をかけた朝鮮半島、その片側の国、朝鮮民主主義人民共和国と未だ国交が正常化していない日本の現状は情けない」ことだと指弾してやまない。

石川さんは明治以降、破滅に至るまで膨張・侵略を続けた近代・日本のありようと、福島第一原発事故に見られるようにその後の政府、東電、学者たちの対応は、重なる光景だと指摘。「慰安婦」問題をはじめ過去の侵略の事実を隠し、矮小化し、なかったことにし、責任をとろうとしない政府と官僚らの態度は同一だと批判する。

「メディアと政府が一体となり、公教育の場や教科書から自分たちにとって都合の悪い事実を消してしまうやり方。だからこそ、私たちは、この状況を見て、考え、声をあげ、行動していかなければならない」

頭で学んだことは素通りしていくが、心で学んだことは胸に刻まれる。被害者の苦しみをこれからも「語り継ぎ部」として伝えていかなければと——。（2017年2月6日付）

汚染された土壌のように沈殿する朝鮮蔑視観

ジェンダー史家・若桑みどり

ジェンダー史家として大車輪の活躍中だった若桑みどりさん（元東京芸術大学教授、川村学園女子大学教授）の突然の訃報に衝撃を受けたことを今も思い出す。まだ71歳だった。２００３年にはローマへ渡った天正少年使節をテーマにした『クアトロ・ラガッツィ』（集英社刊・大仏次郎賞受賞）を世に出し、死の直前まで16世紀のキリスト教美術についての論文執筆に心血を注いでいた。憲法改悪などの動きに真っ向から異を唱え、講演にも走り回っていた。イタリアを中心とするルネッサンス、マニエリスム、バロック美術の専門家。またミケランジェロによるシスティーナ礼拝堂フレスコ画の総合的解釈で知られる。１９９０年代半ばからは、フェミニズムの立場に立った日本近代における視覚文化史研究にフィールドを拡げ、『戦争が作る女性像——第二次世界大戦下の日本女性動員の視覚的プロパガンダ』、『皇后の肖像——昭憲皇太后の表象と女性の国民化』などの一連の著作で注目を浴びた。

若桑 みどり（わかくわ みどり　1935～2007年）。東京生まれ。美術史学者。千葉大学名誉教授。専門は西洋美術史・表象文化史・ジェンダー史・ジェンダー文化論。『皇后の肖像——昭憲皇太后の表象と女性の国民化』『クアトロ・ラガッツィ——天正少年使節と世界帝国』など。

死去の1年前、都内で開かれた「憲法集会」での約1時間にわたる講演を聴いたことがあったが、わかりやすく、熱気にあふれ、聴衆がピクリともせず耳を傾けていたことに心を打たれた。若桑さんは、日本の新保守派の狙いを「憲法改悪とともに過去の戦争を美化し、軍事国家の復活を目論んでいる」と指摘したうえで、「戦時性暴力について自らの手で明らかにし、日本の責任を自ら裁こうとする歴史家や女性たちを攻撃し、威嚇するのは、再び、日本を、天皇をいただく軍事国家にするための確かな意志と戦略にもとづいているからだ」という胸のすくような批判を展開し、万雷の拍手を浴びた。

御用学者の言説をバッサリ

ジェンダー史学の立場で日本の近代の成り立ちを、あらゆる領域で問い直す研究姿勢。時代や歴史、文化や芸術についての紋切り型で退屈な権威主義や常識を打ち破る鮮やかな闘いぶりは際だっていた。御用学者の言説をバッサリ切り捨てさっそうとした姿に、気持ちがすっきりした人たちも多かったことだろう。

拉致問題をテコにして反朝鮮キャンペーンを展開する政府、メディアについても、記者がインタビューした時、「日本政府は拉致疑惑が解決しないことには、北への食糧支援も外交交渉もしないといっている。こんな外交が世界にあるだろうか。米国でさえ、タリバンのことがあっても食糧支援は続けた。日本の隣国に食糧難で苦しんでいる人々がいれば、その苦境に心を痛め、援助の手

『クアトロ・ラガッツィ』
集英社

をさしのべるのが、人道支援である。一人ひとりがなすべきことは何かを考え、今、行動すべきであろう」と強調してやまなかった。

理不尽なこと、不公正なことに心底怒る人だった。それは男の牙城・東京芸術大学、美術史学会の男性教授たちとの30年にわたる激しい闘いによって、培われてきた。社会に参画しつつ絵を描く芸術家を黙殺し、無視する社会。現実から逃避し、ドロップアウトしているのに特権的な地位を与えられている画家たちをもてはやす風潮を容赦なく批判した。

「男性の、それも極めて『正統的』と見られている美術史観、あるいは『権威ある』芸術学……。こういうものを批判する研究を私はやってきたのです。そのために徹底的な差別を受け、ひどい目にあってきた。しかし、私の本は売れるし、講演の依頼もひっきりなしに来る。私はひるまないし、闘い続けます」

「日本のように論争のない社会、仲間褒めの社会では、私のように自分が世話になった人や仲間たち、偉い男の先生を批判するというのは、身の危険を感じるような大変なこと。日本の美術史家が、これが美しいとか、素晴らしいとか、傑作だとか、非政治的なディスクールばかりやって、その美術を産み出した社会あるいは近代国家のもつさまざまな暗黒や矛盾を切り捨ててきたことすべてをひっくり返し、メスを入れてきたわけだから。

例えば『裸体（ヌード）』。明治美術行政の最高権威にまでのぼりつめた黒田清輝がフランスから受け入れた。日本の画家たちは日本帝国が富国強兵政策によってその体制を固め、アジアと世界へ軍事的侵略を拡大する『男性的』な時代すう勢の中で、ひたすらヌードを描いた。そこにイデオロギー性、社会性、批判性はなく、画家は公的領域ではなく私的世界に囲いこまれ、女性的領域に自らを幽閉した。ヌードを描いたピカソが同時に『ゲルニカ』を描いてナチズムに反対したのとは違う」

若桑さんは、日本帝国は植民地支配をした朝鮮や侵略した中国では、チョゴリや「支那服」を着た女性を描くことを奨励したと指摘した。「これは民族服＝女性＝植民地＝征服という図式を表わしたもので、その対極にあるものが男性＝軍人＝近代国家というイメージだったのだ。面白いことに１９４５年以前には、日本国内の銅像は、大村益次郎や乃木希典、楠木正成、西郷隆盛などの軍人だった。いうなれば、日本を軍事国家に仕上げた者たちである。45年以降はガラッと変わってヌード像が立つようになった。これは、支配者の米国に対して、『日本は武装を解きました』と恭順の意を表現している」と述べた。

さらに若桑さんは、こういう状況について、日本近代がいかに芸術を社会的に無害なものへ脱色する政策を取ってきたか、それに対して芸術家たちがいかに無力に従ってきたかを端的に示している、と厳しく批判した。

女性を社会と歴史上で可視化

『皇后の肖像』の中では、天皇制国家がいかにして、女性を国民化していったかを鮮やかに提示した。神功皇后の「三韓征伐」の神話を通して「日本は神の国」というイメージを作りあげた。つまり、神功皇后は神の子を産み、神を胎内に置く皇后が「三韓征伐」したという、日本の国体と威信の確認、帝国主義的天皇制新国家体制のすぐれた表象であり、同時に国家における女性の母としての役割を称揚するものとなったと看破した。

「明治政府は神功皇后を紙幣の肖像や絵画に取り上げる一方、日本が神の子孫＝天皇の統治する国であるという記紀の神話を『事実』として女性たちに教えた。神功皇后と明治の昭憲皇太后への崇拝を結びつけることによって、国威発揚と開化のシンボルとしていったのである。このような女性の『国民化』の過程で、朝鮮蔑視《べっし》観が深く根を下ろしていった。残念ながら、朝鮮蔑視観は現在にいたるまで、日本人の心の中に、ダイオキシンに汚染された土壌のように3～4世紀を経てもおりのように沈殿したままである」

若桑さんの情熱、エネルギッシュな行動力の源には、「社会において、歴史において、見えないものとなっている女性を、社会や歴史の中で見えるものにしたい。この世に許してはならない不正義と闘う」という強い欲求があった。若桑さんの独創性あふれる著書や活動に学び、時には助言を受けたことは幸せなことであった。

（2016年5月18日付）

悲しみの歴史が1人で立って、恨《ハン》を背負う

免疫学者・能楽作者・多田富雄

国際的な免疫学者でエッセイや能の作者としても知られるた東大名誉教授の多田富雄さんは、亡くなる9年前、滞在先の金沢で脳梗塞に倒れ、一夜にして右半身不随、声と食べる自由を失った。

野口英世記念医学賞、朝日賞、文化功労者、大佛次郎賞などを次々に受賞した華やかな学者人生が一転、他人の介護なしでは日常生活も送れない日々に、一時は自殺まで考えながらも、多田さんは科学者としての独自の目線で、病気をみつめ受容していく。例えば「リハビリは科学。創造的な営み」と週3回熱心に通った。

２００６年4月から厚生労働省が導入した「リハビリ日数期限」制度について、自らの境遇もふまえて「リハビリ患者を見捨てて寝たきりにする制度であり、平和な社会の否定である」と批判し、反対運動を行った。07年12月には『わたしのリハビリ闘争　最弱者の生存権は守られたか』（青土社）を刊行した。

多田富雄（ただ　とみお　1934～2010年）。茨城県生まれ。東京大学名誉教授、免疫学者。1971（昭和46）年に、免疫反応を抑制するサプレッサーT細胞を発見し、世界の免疫学界に大きな影響を与えた。野口英世記念医学賞、朝日賞、エミール・フォン・ベーリング賞など受賞多数。能への造詣が深く、新作能も手がけた。著書に『免疫の意味論』『生命の意味論』など。

そんな多田さんを、今度はガンが襲う……。脳梗塞で身体の自由を失い、さらにさまざまな困難に見舞われながらも多田さんは決して、歩き続けることをあきらめなかった。「失いたくないのは生きている実感」という、類いまれな老科学者の半年を追ったドキュメント（NHKスペシャル、05年）が放映されて大きな反響を呼んだ。

異色の新作能「望恨歌」

多田さんは日本の古典芸能である能の作者としても知られ、自ら小鼓を打った。多田さんは、それまで誰も挑戦しなかった、かつての朝鮮侵略によって、日本が行った朝鮮人強制連行を主題にした、異色の新作能「望恨歌」を作った人だ。１９９３年に東京・国立能楽堂で初演されて以来、99年までにすでに5回上演されていた。

記者が多田さんを取材したのは翌年の２０００年。倒れる1年前のこと。能が朝鮮女性の「恨《ハン》の心」をどこまで表現できるか、そのことを伺いたかった。

「日本が朝鮮民族に対して行った恐ろしい歴史には、もう記録にさえ現されない一つひとつの深い悲しみが刻まれている。夫を連れ去られた妻の恨を表現できるのは能しかない」とキッパリ語られた。

「望恨歌」の舞台は全羅道の小さな村。秋夕《チュソ》（中秋）の夕暮れ。ここに日本の僧が現れる。戦時中この村から連行され、九州の炭坑で過酷な労働を強いられたあげく、無念の死を遂げた若者の手紙を、妻に渡すためだ。チマ・チョゴリを模した装束を身に纏《まと》った老女は、その手紙を月明りの下で読み、嗚咽《おえつ》する。「アア、イジェマンナンネ（ああ、やっとお会いしましたね）」。能の600年の歴史上、朝鮮語による謡いは、初めてのことだ。そして、老女は夫を奪われた悲痛を舞う。クライマックスの最も印象深い場面だ。

1000年の百済歌謡基調に

「忘るなよ、忘るなよ。忘れじや、忘れじ。かかる思ひはまたあるまじや」舞い終えた老女は廃寺に消えていく。

多田さんがこの能を思いついたのは、その2年前に見たドキュメント番組だった。夫を強制連行で奪われた1人の女性が、南朝鮮の寒村でひっそりと暮らしていた。当時、若妻だった女性は、白髪の老婆になっていた。腰が曲がったその老女が、チマ・チョゴリの背に手を組んでスクッと立ち上がった――。多田さんは、この画面に衝撃を受けた。「はっとして、言葉がありませんでした。それまで、本で読み、心にひっかかっていたことに、こんな証人が現れようとは」

老女の残像が永い間、多田さんの網膜に焼きついていた。

「悲しみの歴史が1人でスクッと立って、恨を背負っているかのようでした」

「説明なしに、そこに立つだけで事実の重さを演じ切れるのは、能しかない」

そう直感した多田さんは、朝鮮関係の資料を集め、手に入る限りの朝鮮の歴史、民謡、打令、パンソリ、民俗誌、現代詩などを読み、現地を旅して、台本

強制連行をテーマにした異色の能「望恨歌」

を書き上げた。この能の基調となったのは、百済歌謡「井邑詞」の一節である。1000年以上も前から朝鮮半島で歌い継がれてきた民謡だ。

「朝鮮の恨《ハン》というのは、日本語の恨《うら》みといったものではない。哀しみも恨みも含み、さらにそれを超えた深い心の動き、人間の根源的な情念とでも言うのだろうか。その朝鮮民族の『恨』を表現できるのは、あくまでも人間の深奥世界を長い歴史をかけて形象化してきた能でこそできる。それは、演劇としての能のなすべきことの一つである」と多田さん。

当時、過去の負の歴史を封印しようとする日本の中の動きが顕著であった。元「従軍慰安婦」の被害者らの証言を否認しようとする勢力も台頭していた。多田さんは科学者としての冷徹なまなざしで語った。

「日本人は常に朝鮮に対する過ちを反すうする必要がある。過去の事実を確認し、記憶を呼び覚ましていかなければならない。あったことを、あたかもなかったかのようにしてこのまま忘れ去ると、また、悲惨な歴史が繰り返されることになる」と。

作家の岡部伊都子さん（故人）は『能つれづれ心の花』（檜書店）で、「望恨歌」を見た感動を「しんしんと、人の心をうつ地謡の展開に、朝鮮のみ魂を踏みにじりつづけた日本人のわが悲しみがしぼられます」と記している。

すでに亡きお2人の言葉は、再び戦争へと傾斜を深める日本への強い警告であろう。

（2016年8月31日付）

「朝鮮人の死骸の目ん玉ば、からすが食うとよ」

画家・丸木　俊

オバマ大統領の広島訪問によって、米日の派手な茶番劇が繰り広げられた。「声なき叫び声に耳を傾ける。無辜の人々が、残酷な戦争によって殺されたことを記憶にとどめる」というが、誰も歴史の書き換えを権力者に委ねてはいない。

「原爆の図」第14部からす

71年前、世界が原爆の惨禍を知らず、被爆者の窮状を知らずにいたとき、２人の画家が広島に入り、人類初の被爆の地獄図を描いた。その絵が展示されているのが、埼玉県東松山市の都幾川のほとり、豊かな樹木に囲まれて立つ丸木美術館である。アトリエの前の庭では、春には可憐な薄紫のすみれが咲き誇る。その静謐さを蹴破るような、凄絶な墨絵の世界。丸木俊さんはそこに展示されている全16図に及ぶ「原爆の図」、さらに「アウシュビッツの図」や「水俣の図」を夫、位里さん（１９０１～95）と半世紀にわたって互いに

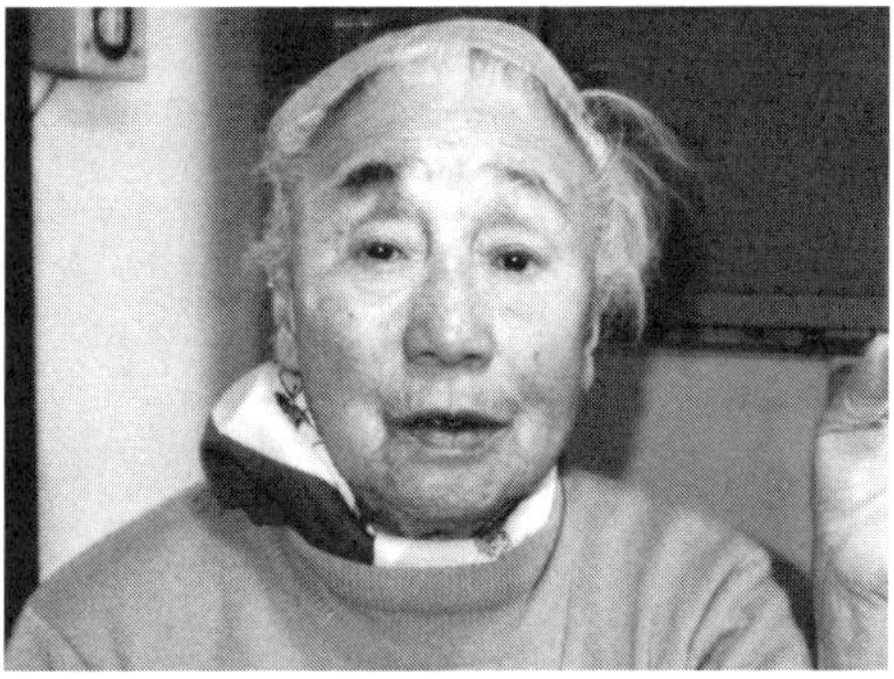

丸木　俊（まるき とし 1912～2000年）。洋画家。北海道生まれ。41年、丸木位里と結婚。41年から46年まで美術文化協会展に出品。原爆投下後に広島へ赴き、救援活動を行い夫とともにその惨状を目撃し、以後２人で原爆の絵を描き続ける。66年に埼玉県東松山市に移住し、翌年に原爆の図丸木美術館を開設。95年にノーベル平和賞候補にあげられた。

競い、支えあって制作してきた。

2人はもともと独立した画家。位里さんは根っからの水墨画で、俊さんは油絵。位里さんは生前「絵かき同士で敵同士」といっていた。記者が俊さんとお会いしたときは位里さんはすでに亡くなっていて、まず、思い出話から。

「『原爆の図』制作の時、私が人間を描くと、余りにリアル過ぎるといって、位里が水で薄めた墨を流してしまうの。ああ、なんて酷いことをするんだろう、せっかく描いたのに、と思う。ところが、翌日になると、筆で描いただけでは出せないような独特な変化を見せてくるんです。一心不乱に絵に打ち込む緊張した日々は、貧しいけれど、張りつめた弓のように、りんと音の鳴るような、そんな年月だった」

2人は原爆被爆の惨状の記録に始まり、やがて、日本の加害責任を告発していった。「南京大虐殺」「アウシュビッツ」「水俣」「沖縄」……と。

「広島、長崎の原爆投下から半世紀が過ぎても、あの地獄図を忘れることはできない。位里の故郷が広島だったので、位里は投下から3日後、私は10日ほど後に広島に入った。剥けた人、焼けた人、血を吐く人、狂った人。人々は次々と死んでいった。屍の臭いが風に流れていた。

目を覆わんばかりの惨状だった。私自身も残留放射能を浴びた。病床で、近づいてくる死の足音を感じていた。その時、『あれを描き残しておかなければ、このままでは死にきれない』という強い衝動に揺さぶられた。そのたぎる思いが『原爆の図』の制作へと向かわせていった」

第一作を描き始めたのは、原爆投下後3年ほど経ってからで、発表が50年。15部の発表は82年。その間、72年には、空を舞うチョゴリが描かれた『原爆の図』第14部「からす」を制作。

「この絵のヒントを得たのは、作家の石牟礼道子さんの『菊とナガサキ』という文だった。そこには長崎弁でこう書かれていた。

――『原爆のおちゃけたあと、一番最後まで死骸が残ったのは朝鮮人だったとよ。日本人はたくさん生き残ったが朝鮮人はちっとしか生き残らんぎゃったけん、どがんもこがんもできん。（略）カラスは空から飛んでくるけん、うんと来たばい。（略）それで一番最後まで残った朝鮮人たちの死骸の頭の目ん玉ば、カラスがきて食うとよ。カラスがめん玉食らいよる』

恐ろしい迫力をもった文章だった。長崎弁でしゃべる朝鮮人からの聞き書きだ。素朴なリアリティーが人の心に迫るのだと思う」

日本の加害を怒りこめて追及

日本の敗戦後、「からす」の絵が生まれるまでおよそ30年。日本の加害性を告発した絵として大きな反響がひろがった。「この絵では、朝鮮人への日本の加害責任を明確にしたかった。朝鮮を植民地にしたばかりか、強制連行してきた人たちを牛馬のように酷使したあげく、日本が引き起こした戦争に巻き込み、被爆させた罪を心からお詫びしたかった。長崎の三菱造船に働かされていた朝鮮人5000人が集団で被爆、即死したそうだ。その屍はいつまでも放ってあったという。

困り果てた末、ガソリンをかけて燃やしたという。余り長い間放ってあった屍の手や足が、積み上げても落ちてくるというのだ。生きている時に差別され、死んでからまで差別された。

また、長崎で傷ついた朝鮮人は、救護班のところで列を作った。広島の3日後の8月9日のこと。すると、おまえらは日本人ではないから治療を受ける必要はない、と断られたという。きのうまでは日本人、きょうからは朝鮮人、治るべきものも息をひきとったということだ。

チョゴリに込められた朝鮮人の無念さと望郷の心。14部の『からす』は二重三重の怒りをこめて描いた。これは私の執念でもあった。いや、朝鮮人にはもっと根深く、悔しい思いがあったことだろう。それをこの絵から汲み取ってほしい」

20世紀、そして21世紀に入っても、人類は愚かな戦争を止むことなく続けてきた。科学技術が長足の進歩をとげる一方で、人間のやさしさや平和の追求には困難が伴う。

「むかしむかしの人間が、初めて見る異国の人を鬼といったり、人魚といって恐れ、また捕らえて辱めたり、むごい殺し方をした話を聞く。『原爆の図』を描いている時、あの虐殺のサディズムの心理が分かるようにさえ思えたこともあった。美しいもの、珍しいものを、愛したい心と破壊したい心が一つになって存在する。あるときは、よろこびの愛撫となり、あるときは怒りの殴打となる。

この人間のうちにひそむ心理を利用して、権力を握ったものが人々を集めて侵略の方向に向けさせた。戦争とはそういうことであったのだ。ひとたび正義という名が成立したとき、公然と虐殺の火ぶたが切られるのだ。それはむかしの話ではなく、広島のときも、ベトナムのソンミの時もあった」

晩年、俊さんはしみじみとこう語っていた。「今日も目覚めて、絵を描こうと思えるのは幸せなことだ。5月から3カ月間、ヨーロッパに写生旅行しようと思っているの。スペインの闘牛を見たり、ポルトガルにも行くつもり。これからは自分でも楽しめるものを描いていきたい。位里と一緒に行くと、自分が描き終わると『もう帰ろう』とせかされた。今度は自分のペースでゆっくり描こうと思う」

いま残念なことは、戦争の記憶が風化しつつあることだと語った俊さん。「この前もここに来た子どもが『戦争を体験していないから分からない』というのよ。だから、『体験したときには、あなたは死んでいるのよ』といった。日本が起こした戦争によってどんなに近隣のアジアの人々を苦しめたのか。若い世代がこのことを心に刻み、再び愚かな戦争を繰り返さないようにしなければ…」俊さんの未来への警告が、まさしく的中したかのように、いま、日本は戦争国家として旗幟を鮮明にし、アジアと朝鮮半島への野望をむき出しにしている。

（2016年6月8日付）

命ある限り、平和の大切さ訴えたい

エッセイスト・海老名香葉子

エッセイストで、落語家の故林家三平師匠のおかみさん。自身1945年3月の東京大空襲で両親、祖母、長兄、次兄、弟6人ら親族18人を失った体験を持つ。自身は静岡県沼津市の叔母宅に学童疎開していたため助かったものの、身寄りを失って長く苦難を強いられた。国民学校の5年生。わずか11歳だった。

「寒い夜だった。避難した山の上から東の空が真っ赤に燃えるのが見え、正座して、『どうか、みんなを助けて』と祈った」。4日後に東京から駆けつけ、悲報を知らせた兄と、一晩抱き合って泣いた。「12万8千人の戦災孤児は、お国から乾パン一つもらわず、焼け野原で雑草を食べながら、どうにか生き抜いた」。敗戦、帰京後は親戚をたらい回しにされたが、釣りざおの名匠だった父の知人、三代目三遊亭金馬師匠に引き取られ、後に初代三平師匠と結婚。4人の子どもに恵まれた。

80年、夫・初代三平師匠が癌で死去した。のちの二代目三平はこの時まだ小学4年生で

海老名香葉子（えびな かよこ　1933～）。東京生まれ。エッセイスト、絵本作家、作家。初代林家三平の妻として、夫の死後も一門の中心として活動する。2005年、私財と寄付で東京都台東区上野に「時忘れじの塔」を建立し、毎年3月9日に空襲犠牲者を慰霊する集いを行っている。『ことしの牡丹はよいぼたん』『あした天気になあれ』など。

あった。以後は惣領弟子であった林家こん平を支え、自らも一門と一家の支柱となり、一門を束ねてきた。通常は師匠が他界した場合、一門は解散となる落語界にあって、今日に至るまで一門の繁栄を築いたのは、ひとえにおかみさんあってこそ。

人間変えてしまう戦争

海老名さんは、72年前を振り返って、しみじみ語ったことがある。

「(東京では戦後) みんな狭い掘立小屋、掘立小屋って言うよりも、焼けたトタンで囲った所に雨をしのいで、で、後ろが土手なんですよ。そこの所に雨をしのいで、それで濡れないように油紙を背中に背負ったりとかってそんな状態のとこですよね。トイレもないからお寺さんのすぐ脇の土手のとこなんです。で、穴掘ってそこで用を足してました。で、雨がざあざあぶりの時なんかは大変。カッパはないですから、油紙、頭に背負ってそれで用を足しにいく。それであと板を置いて、それで流しのような形のものを作って、かめだけ一つありましたよね、大きなかめ、置いて。これに水をいっぱい張っておかないと、おばさんの機嫌が悪いんです。それで、私はその役目になりました。……ある時、水、少なかったんですね、そしたらもうおばさんがヒステリーで怒って怒ってね。『なんだ、お前なんか死んじゃえばよかったのに』っていって。そんなことというおばさんじゃなかったの、優しくてね。もう本当にこんなに人間まで変えてしまうのかなと思うくらいにね、周りも変わっちゃいました。でも母が (疎開に行く別れの時) に『いつも笑顔でいるのよ』って

『笑顔でいればね、お友達もたくさんできるし、みんなに好かれるから、だから笑顔でいなくちゃだめよ』って。私、泣き虫でしたからね。『泣いちゃだめよ』って、『泣かないで笑顔でいるのよ』。もうそれがもう体に染み込んでましたから。だから笑顔でいようってそう思い込んでました。だから生きてこられたのかなって」

「おばさんたちももうそれまでは親たちがいる頃までは『かよ子ちゃん、かよ子ちゃん』ってかわいがってくれてたおばさんたちが手のひらを返したように『お前なんかが生きちゃって』って、『お前が死んでくれればよかったのに』ってもうそういう言葉、平気でいってましたね」

「（孤児になって）もうこのまま死んじゃうなと思ったこと幾度もあります。死んだほうがいいなと思ったことも何度もあります」

「トラジ」「アリラン」口ずさんで

戦災孤児としてなめた辛酸。人に言えぬ苦労も味わったが、母の最後の言葉を胸に刻んで、「下町の太陽」のように明るく生きてきた。夫亡き後も、30数人の弟子たちを支え、一家をきりもりしてきた。

テレビ、雑誌などで活躍する傍ら、すでに30数冊の本を出版した。「しゃきっとしていて、たくましくて。朝鮮のオモニのようですよ」というと、「そうなのよ、雰囲気がよく似ているといわれるの」と微笑んだ。今年は東京で開かれた女性同盟結成70周年記念パーティーにも駆けつけて、お祝いのスピーチにも立った。会場では各地の同胞女性たちに囲まれ握手攻めにあい、人気の高さが伺えた。

悲しみを乗りこえた人だけに、他者の不幸を放っておけない。95年1月の阪神大震災の際には、被災した神戸の朝鮮学校への救援金を寄せてくれた。

50年代の初め、三平師匠と結婚まもない頃、海老名さんは結核で入院したことがあった。同室の朝鮮女性が歌ってくれた民謡「トラジ」や「アリラン」が何よりの励ましになったという。今でも一番の愛唱歌だと語る。

90年代末、朝鮮が未曾有の水害被害を蒙った時、心から心配し、機会を作って、朝鮮の被災者を直接励まそうと訪朝の機会を探ったこともある。「苦しい時、助け合うのはお互い様」「すばらしい文化がいっぱいの朝鮮。日本文化のルーツは朝鮮にある。対立やいがみあうのではなく皆で手を握り、朝鮮ともっと仲良くし、一日も早く手を結べること心から願っている」と。

海老名さんは、「東京大空襲の死者が13万余人と数が増えているといわれているのに、東京だけは慰霊の記念塔がない」という思いから、05年、私財と寄付で東京・台東区上野公園に東京大空襲の犠牲者を追悼する「時忘れじの塔」を建立し、毎年3月9日には犠牲者を追悼する集いを開いてきた。年毎に、共感する人々の輪

各地のオモニたちに囲まれて

が広がり、近年は、荒川区にある東京朝鮮第1初中級学校幼稚班の子どもたちが、ドイツ、イギリス、ガーナなど世界の子どもたちとともに献歌するのが、風物詩となっている。

「戦争の悲惨な記憶がどんどん失われていく昨今、子どもや孫たちにそれを伝えていかなければ」と強い思いを口にする。3年前には東京大空襲朝鮮人犠牲者の追悼集会に出席した。今年は上野での追悼行事に先立ち、同校を表敬訪問。講堂で、学芸会の練習に励む児童生徒たちによる明るく元気いっぱいの合唱の歓迎を受けた。お礼のあいさつに立った海老名さんは、「みんなのすばらしい歌声に感動しました」と涙ぐみながら、「私には朝鮮にも、韓国にも、中国にも友人がいる。命ある限り、世界中のみなが手を握りあう日を願って、平和の大切さを祈り、訴えていきましょう」と熱く語った。

（2017年7月12日付）

在日の人は決して忘れない

元参議院議員・清水澄子

歴史を見据え、政治の場で発言・行動をし、広く社会変革の先頭に立ち続けた元参院議員で朝鮮女性と連帯する日本婦人連絡会代表、元社民党副党首、元日本婦人会議議長、平和フォーラム副代表の清水澄子さんが死去して、5年になる。

ガン治療の合間に聞き書き

筆者が清水さんの聞き書きを始めたのは、09年4月から約半年間。いつものように全国を飛び回りながら、その傍ら自宅のある埼玉県さいたま市内の病院で肺ガンの治療を受けている最中だった。多忙な日程を縫うように、1カ月に1～2回、自宅で半日、テーマ別に話をうかがった。少し声がかすれていたが、いつもの元気な姿だった。毎年のように、女性代表団を率いて訪朝し、全国各地の集会や講演に飛び回っていた清水さん。

女性解放運動から日朝国交正常化運動、「従軍慰安婦」問題、戦後補償問題、北と南、

清水 澄子（しみず すみこ　1928～2013年）。福井県生まれ。日本社会党、社会民主党の元参議院議員（2期）。朝鮮女性と連帯する日本婦人連絡会代表、I女性会議（旧日本婦人会議）常任顧問。女性運動の傍ら、日朝国交正常化と在日朝鮮人の人権と民族教育を守る活動に取り組んだ。

日本の女性たちが朝鮮の統一をめざして開いた「アジアの平和と女性の役割」シンポ、朝鮮の統一問題や朝鮮学校への支援など、あらゆる市民運動にエネルギッシュにかかわった。その半生は、生まれてから青春期にいたる時期が日本の朝鮮支配・アジア侵略戦争に重なる。軍国主義と男尊女卑の風潮の中で抑えつけられ、学ぶ機会を奪われた戦争体験がある。さらに大阪大空襲で幼い妹と逃げ惑った悲惨な記憶。それが政治と運動の最前線で闘い続けた原点だった。

当時、清水さんの一番の気がかりは「拉致、ミサイル、核」をふりかざし、平壌宣言を事実上反故にしながら、反朝鮮騒動を繰り広げる日本国内の動きだった。

「今の日本は帝国主義の時代とちっとも変わっていない。朝鮮の人工衛星打ち上げについても、政府が『ミサイル発射』だと決めつけ、メディアが煽り立て日本中が大騒ぎしている。まるで戦時中と同じように一色に染まり、簡単に騙されてしまう。国民の意識の底にあるのは、『お上には抵抗しないことが一番利口だ』という非常に姑息な感情である。民主主義の基本は、それぞれが主張しあうべきなのに、みんな、沈黙してしまう。お上が『右に倣え』といえば、みながなびいてしまう。政府と国民は結局のところ共犯者ではないだろうか」

日本の状況に対する痛烈な批判は、保守系の政治家でありながら、生前「憲法を守れ、自衛隊を海外派兵するな」との主張を貫いた後藤田正晴元副総理らと共通するものがあった。「私たち戦争世代は、どこから見てもアジアに対する加害者。敗戦後も自らの力で戦争責任を果たさず、平和運動においても植民地支配への反省と謝罪という歴史認識が欠如していた。でも、朝鮮問題に関わって、日本人や政府の思想的構造が見えて、何よりも自分自身の人間性や正義を取り戻すことができるような思いがした。だから、もっと没頭するようになった」

女性運動の先駆者として、ローザ・ルクセンブルクはじめ欧米の女性たちのことは知っていたが、「隣国については全く無知だった」と率直に語っていた。

「1972年に訪朝し、朝鮮女性の民族解放闘争の歴史を初めて知った時には、心臓の止まるような衝撃を受け、目を開かされた。朝鮮革命博物館で日本の植民地支配がいかに野蛮で過酷なものだったかを実感し、同時に長期にわたった抗日武装闘争や民族の抵抗運動の苦難を知らされた」

この触れあいが、その後の朝鮮問題との長い、献身的な取り組みの道を開く契機となった。記憶に新しいのは、95年の阪神大震災の東神戸朝鮮初中級学校（当時）の校舎再建と伊丹朝鮮初級学校の防音装置設置に日本政府から補助金が出るよう尽力したこと。「震災の様子をテレビで見て、朝鮮学校のことが心配でならなかった。政府の災害復旧対策の対象からはずされていると思ったから。すぐ現場に飛んで『絶対に諦めてはダメ。ダメでもともとなんだから』とオモニたちを励ました」。それからは朝鮮学校が各種学校であることを口実に渋る文部省や建設省（当時）などを相手に粘り強く説得、ついに大きな結実をもたらした。

「ダメもと」。女性問題と格闘し、茨の道を歩み続けた清水さん自身を支え続けた言葉でもある。

「決して忘れない」

2002年の9・17以降、日本各地で開かれた大小の集会の講師に招かれた。主催者は在日朝鮮人や日本市民たち。札幌や宮崎に飛び、また、大阪や山口、鹿児島へ。平均すると月10回以上の講演をこなす日々だった。「何だか参院議員時代よりも忙しくなって。東京にいる時も、勉強会、会議、打ち合わせに出たり、家でゆっくりする間もなかった」と当時を振り返った。戦前の性差別の時代、結婚は親が決め、女が自立して生きることなど考えられなかった。福井生まれの清水さんは親が決めた2度の結婚を破棄し、労働運動に飛び込んだ。その後、結ばれた夫は、農村女性の待遇改善や保育所建設、「働く婦人の会」結成に奔走する清水さんの良き理解者として、妻の苦闘を傍らで支え続けた。

自らの力で切り開いてきた道。その人間味あふれる体験は、同胞女性たちの解放後の苦闘の軌跡に重なる。清水さんは故朴静賢・元在日本朝鮮民主女性同盟中央委員長らとの交流や亡くなる直前まで続いた安秉玉同東京顧問らとの親交を大切にしていた。その清水さんの最も古くからの友人の一人が山村ちずえさん（兵庫朝鮮学校を支える女たちの会会長、朝鮮問題を考える兵庫婦人の会事務局長）である。12年11月17日、京都の講演会に出席する清水さんが兵庫県の自宅に泊まった時のできごとについて触れながら、「咳と痰が止まず、ティッシュがすぐなくなるような状態だった。しかし、翌日の講演本番では90分間、水も飲まず、咳もせず日朝関係についてとうとうと話し続けた。あれは魔訶不思議。信念を通り越して執念を感じた」と回想する。

山村さんは82歳。清水さんの5歳年下で、2人のつきあいは60年の年輪を刻む。わけても強く印象に残るのは、阪神・淡路大震災時に、スニーカーを履いて、在日の人たちが暮らす長田のゴム工場街を一緒に歩いたこと、全壊した朝鮮学校が私学並みの助成金を受給するため国会でどれほど頑張ったかについて触れ、「神戸の人、在日の人は彼女のことを決して忘れない」と力を込めた。

共に朝鮮問題と格闘し続け、中央と地方でお互いに支えあった2人だった。ここにとっておきのエピソードがある。休むことを知らない清水さんに、山村さんは１９９０年代初め、内モンゴルに星空を見にいこうと誘ったことがあった。「ただでは帰らないのが清水さん。せっかくきたからと内モンゴル自治区の学校を9時間もバスに乗って見に行った。そこで知った子どもたちの劣悪な教育環境の実態に心を痛め、帰国後、各方面に働きかけＯＤＡなど手厚い支援の手を差しのべ、ついには現地に新しい中学校2つと幼稚園を造った」

山村さんの一番の気がかりは、女性運動や平和運動を共に闘った仲間のなかでも「北をこわい国」と思っている人がけっこういることだ。こうした日本の思想、社会状況の激変が、ガンとの闘病を余儀なくされた晩年の清水さんを苦しめたと指摘する。

「日朝友好女性訪朝団」団長として平壌を訪れ、市内の小学校で交流した。（０8年8月）

「夜、時々電話がかかってきてね、『いま話していい?』と。今でも、電話が来るような気がしてならない。そうした日本の右傾化の流れを断ち切って、必ず、日朝国交正常化を実現しなければと、最期まで執念を燃やし続けていた。約60年、そばで見てきたが、本当に、すごい人だった」

日朝の国交正常化、男女平等などゴールはなお遠い。清水さんから託された闘いのバトンを手放してはならない。

(2016年12月7日付)

4

抑圧されている人の側で

ジャーナリストは時代に批判的でなければ

編集者・安江良介

安江良介さんは、生涯、朝鮮問題と格闘し、日朝の国交正常化の実現を強く願い続けた。安江さんは、金日成主席と会見するたびに、雑誌「世界」に会見内容を公表してきた。しかし、主席逝去（１９９４年）の２年後、くも膜下出血で倒れ、１年半の闘病の末、98年1月、62歳という若さで惜別した。

抑圧された人の立場で

なぜ、安江さんは朝鮮問題に取り組むことになったのだろうか。朝鮮時報の大型企画「戦後50年　私と朝鮮」のトリを飾るインタビューで記者にこう語ったことがある。「私はいちばん近い隣国であり、しかも日本が、歴史的にも文化的にも大きな影響を受けてきた朝鮮民族との関係を思い、何とかして和解を得たいと希ってきました。朝鮮問題、正確には日本と朝鮮との関わり方について、最大の関心を持ってきたのはこのためです」

安江良介（やすえ りょうすけ、1935〜98年）。金沢市生まれ。岩波書店元社長。雑誌「世界」元編集長。58年に岩波書店に入社。『世界』編集部を経て、67〜70年まで美濃部亮吉東京都知事の特別秘書を務め、朝鮮大学校の認可問題に心血を注いだ。71年、『世界』編集部に戻る。「韓国からの通信」は、様々な圧力とたたかいながら屈することなく、17年も続いた。72年、初訪朝以来、金日成主席と5回会見した。

安江さんは金沢の名高い金箔職人の家に生まれた。金箔は1万分の1ミリの世界。この極限の技術に日々、精魂込めた父の頑固一徹な職人気質が、安江さんの骨太のジャーナリスト精神にも脈々と受け継がれていたように思う。そして、もう一つ。安江さんの実家の近く、浅野川のほとりには在日朝鮮人の部落があり、その貧しい暮らしと差別の過酷さを日常的に見聞きしていたという。そんな環境の中でも、母・伊都子さんは、泥だらけの足をした朝鮮人の子どもたちに温かく接してきたという。そうした原体験が「植民地支配の歴史を清算し、自分たちの心の中に正義を取り戻したい」という歴史意識を育んでいった。そうした背景が、雑誌「世界」編集長時代に、様々な圧力と闘いながら17年も続いた、韓国の民主化闘争を支援する「韓国からの通信」などの長期連載に結実していったのではないか。

90年に岩波書店社長に就任した直後、冗談を交えて「社業が忙しくなりましたから、朝鮮問題の集会にも出られなくなりますよ」と語ったことがある。しかし、その後も安江さんは全国各地のどんな小さな集会でも、招かれると飛んで行って話をし続けた。在日朝鮮人のオモニたちに囲まれて楽しそうに語っていた姿がいまも目に焼きついている。韓国で獄中生活を送る政治犯の家族から「雑誌『世界』を生きる支えにしています」と声をかけられた時に、安江さんは溢れる涙を拭おうとしなかった。いつも抑圧された弱い人の立場の側で喜び、怒り、涙する人だった。

朝大認可に心血、3年で髪が真っ白に

67年には、美濃部革新都政の特別秘書を務め、朝鮮大学校の認可問題に心血を注いだ。「悪戦苦闘した結果、在日朝鮮人の圧倒的な声援を受けて実現した。あの時の声援は、本当に嬉しかったですね」

当時のできごとを夫人のとも子さんと娘の千香さんに聞いたことがある。安江さんは美濃部都知事の特別秘書に任命されたばかり、31歳だった。都庁は朝鮮大学校の認可問題で騒然とした渦の中にあった。当時の剣木亨弘文相から安江さんに、「都知事が国の意に反したことを行えば、地方自治法によって、内閣総理大臣は、知事を罷免できるぞ」という恫喝の電話がかかって来たりしたという。教育関係者、保守政党からも昼夜を分かたず抗議や脅迫の電話が入った。安江さんは与野党への折衝、庁内幹部への説得、時には議会、中央省庁や市民団体への根回し、知事に代わって舞台裏工作と目まぐるしい日々を送っていた。そして、帰宅するのは午前零時過ぎ。そこには夜回りの記者たちが待ち受けていて、とも子夫人も共に対応に当たった。安江さんの髪はこの任期中の3年間で真っ白になるほどだったという。

あれから半世紀近い時が流れた。67年生まれの千香さんの目には、社会の朝鮮観が一元的なのが気になるという。「例えば、米国について語る時、米国の歴代政権の軍事政策については批判する声があがっても、米国社会の多元性については、評価するという具合。

南についても韓流やKポップなども扱う。でも、北については拉致だけを居丈高に叫び、相手を知るチャンスをどんどん潰して、ついには和解のチャンスさえ失いかけている。平和と和解を作り出そうとする豊かな思考や行動の芽を摘んではならないと思う」と指摘する。

「朝鮮民族に敬意を持ち、統一問題に生涯心を寄せていた父は、金日成主席とお会いし、その一方で、金大中大統領と語らい、その対談を雑誌に掲載し、日本の中で広く紹介し、大きな話題となった」。千香さんはジャーナリストとして志半ばで倒れた父の無念を慮った。しかし、明治以降の極端な日本の欧米一辺倒のジャーナリズムの流れのなかで、朝鮮への偏向報道は、近年、ますます拍車がかかっている。昨秋、岩波書店から刊行された『物語岩波書店百年史3』（苅部直著）のなかには、雑誌『世界』のある記事について、「明らかに北朝鮮に乗せられている印象がある」、「数年おきに安江による金日成の会見記を掲載しているのは、日朝の国交実現に向けた熱意がそうさせたのだろうが、やはり過大な肩入れと言うべきではないか」などと批判している。

　こうした批判を見越して、安江さんはすでに95年、本紙の取材に対して、こう明快に語ったことがあった。

「私に対して『偏っている』という一部の批判があることは承知しています。場合によっては偏っていたかもしれない。それは後の歴史が判断してくれることです。私のような見方を長い間変えずにきた者は、少数なのです。そういった日本

安江氏が1996年7月、病に倒れるまで6年余り信濃毎日新聞に寄せた３３０回のコラム「今日の視角」を全収録。歴史に何を学び、現実をどう見るか。冷戦の終焉、敗戦50周年など内外ともに激動が続くなか、政治・経済から教育・文化にわたる広範な話題をめぐって、その洞察と主張が語られる。

社会の側から見れば、私のような態度は偏っているといわれるのかも知れません。しかし、ジャーナリズムというのは本来、常に社会に対して批判的でなければならない。だからこそ、私は一ジャーナリストとして、批判的立場を貫いてきたのです」

「私は日朝国交正常化交渉は、おそらく朝米関係の改善とともに、それに引きずられるようにして、何度もぶつかり合いながらも結局は進んでいくのだと思います。そこには日本の主体性はない。私は長年、せめて日本の主体性によって正常化をしたい、それによって和解の半分くらいは手にしたいと願ってきましたが、日本人の一人として本当に心残りです。

皮肉なことですが、和解を自分たちの手で達成できないという日本のだらしなさによって、結果的に私は日本と朝鮮の関係を長い間見つめる過程で多くの人を知ることができた。そのことによって、私は多くの恵みを受けたというべきかもしれません」

表層風景にのみこまれて、朝鮮半島、東アジアにおける平和的論理性を欠落させ、歴史的視点を失っている日本のジャーナリズムが、真摯に耳を傾けるべき至言に違いない。

（2014年4月2日付）

傲慢な権力、差別のシステムに怒りのペン

ジャーナリスト・黒田　清

最初の出会いは、読売新聞社を退社したばかりの頃だった。1988年の8月。気温は33度。その日、奈良の取材先から大阪の黒田清さんの事務所に着いたのは、約束時間の直前だった。全身から汗が吹き出す。そんな私に黒田さんは満面の笑顔で「まあ、冷たい麦茶でも一杯どうぞ」とさりげない気配りを。

この日から、交流の輪が格段と広がった。チマ・チョゴリ事件が頻発した時には、在京の記者50人ほどを緊急に集めて、事件について話す機会を設けてくれた。あの時の怒りの激しさと素早い行動力。記者はただ書くのだけではなく、周囲を動かし、社会を変革する力を持たねばと思い知らされた。

大阪朝高の快挙を喜ぶ

弱者への限りない共感と権力に屈せぬ反骨精神。威張るもの、傲慢な権力、差別のシス

黒田　清（くろだ　きよし　1931～2000年）。ジャーナリスト。1952年、読売新聞大阪本社に入社。76年に社会部部長就任。「黒田軍団」と名付けられ注目を集めた。84年には『警官汚職』で日本ノンフィクション賞、85年に『戦争』で菊池寛賞をそれぞれ獲得。87年大阪読売を退社。その後は「黒田ジャーナル」を主宰。『黒田軍団かく闘えり 社会部長日誌』など。

テムに容赦ない怒りのペンを向けた。それが骨太のジャーナリスト活動を貫いた。

東京、大阪を往復しながらの激務とストレス。97年夏、膵臓ガンが見つかった。大手術に耐え、1年後に復帰した。その直後には、東京で開かれた「日本の戦時下での強制連行に関するシンポジウム」にパネラーとして参加。ふっくらとした体型は細くなったが、柔和な面立ちはそのまま。戦争法案の新ガイドラインを非難しながら、「新たな戦争をしかけようとする勢力と闘わずして平和を獲得することはできない」と力強く訴え、「エセ学者、エセ漫画家、エセ政治家らの主張がアメーバーのように日本の隅々にまで浸透している」と警鐘を鳴らしていた。

99年の夏、大阪朝高サッカー部がインターハイ出場を決めた時には「長い間の差別に負けないで、よくチャンスをものにしてくれた」と、わがことのようにその快挙を喜んでくれた。

しかし、1年後の2000年7月23日、黒田さんは帰らぬ人に。まだ69歳だった。病魔とたたかいながら最後の気力を振り絞って、自らが発行するミニコミ紙のコラム「もぐらのたわごと」にこう書いた。

「さて、入院中、パッとしたニュースはほとんどなし。ただ一つ朝鮮半島の南北統一会談の成功です。韓国の金大中大統領の誠実さ、朝鮮民主主義人民共和国の金正日総書記の明るさが将来に希望を感じさせてくれました。それに比べて、私たちの国はどうですか……」

これが絶筆となった。

1週間後の7月30日、大阪市北区の太融寺で営まれた葬儀には、メディア関係者を含め1300人が参列した。黒田さんがいつも気にかけていた在日朝鮮人をはじめ差別で苦しむ人たちが、流れる涙も拭かずに焼香の列を作っていた。人は一生の間にこんなにも多くの人を励まし、慕われるのかと、私はその時、実感したのだった。

かつて、読売新聞大阪本社社会部長として100人近い部下を率いた。「黒田軍団」と呼ばれた。戦争や差別反対の粘り強いキャンペーンを手がけ、当時、軍拡路線を鮮明にした中曽根政権や新聞社の上層部と対立した。87年退社し、「黒田ジャーナル」を創設。以来、読者との濃やかな交流を柱にした窓友新聞を発行しつづけた。

黒田さんの口癖はこうだった。

「世の中には弱者がいっぱいいる。幸せな人には、少しでも長く幸せが続くように、不幸な人には少しでも幸せにちかづけるようにしてあげたい」

黒田イズムを受け継ぐ記者たち

黒田さんの死去から17年。高層ビル化が進み、すっかり様変わりしたJR大阪駅から歩いて10分ほどのビルの一室に、黒田イズムを受け継ぐ『新聞うずみ火』（月刊誌）が元気よく息づいていた。現在は矢野宏さん、栗原佳子さんらが中心メンバー。矢野さんは地方紙の記者だったが、黒田さんの「泣いている人の側に立つと、色んなことが見えてくる

黒田イズムを受け継ぐ
矢野宏さん

よ」の考えに共鳴して、飛び込んだ。今も、迷ったり、悩んだりするたびに、黒田さんと一緒に作った当時の紙面を読み返して、元気を取り戻すという。

読者参加型の紙面作りの姿勢に変化はない。大阪府豊中市の国有地の格安取得をめぐる学校法人「森友学園」(大阪市)について、一連の疑惑追及の先陣を切った豊中市議の木村真さんは、『新聞うずみ火』の読者だ。国有地の売却結果は公表が原則。木村さんが売却額の公表を求めて大阪地裁に提訴した翌日、朝日新聞が提訴の事実とでたらめな売却額を報じて、この問題に火がついた。3月号の『新聞うずみ火』は木村さんによる詳しい説明などを載せながら、特集記事を組んでいる。

とりわけ矢野さんたちが怒りの矛先を向けているのは、学園のヘイト発言だ。副園長から ある保護者に渡された直筆の手紙にはこう書かれていた。

「韓国人とかは、整形したり、そんなものをのんだりしますが(清涼飲料水のこと)、日本人はさせません。根っこが腐ることを幼稚園では教えていません」

その保護者が在日であることを説明して、思いのたけを綴った手紙で反論した。「……はい、私自身韓国人です。この手紙を読んで私は言葉を失いました。数分固まってしまいました。私が中学生の時、韓国人だといじめにあったことを思い出しました」

しかし、2日後に届いた副園長からの返信はさらにエスカレートしていた。そこには「私は差別していません。公平に子供さんを預かっています。しかしながら韓国人と中国人は嫌いです。お母さんも日本に嫁がれたのなら日本精神を継承なさるべきです」「勝手なことをいいなさんな！　腹が立って仕方がありません」などと記されていた。

辞任したとはいえ、こうした小学校の教育方針に「感銘を受け、名誉校長に就任した」安倍首相夫人は、「優れた道徳教育を基として、日本人としての誇りを持つ、芯の通った子どもを育てます」とホームページに一文を寄せた。矢野さんは、「まさしく戦前の日本人優越思想を地でいくあからさまな『ニッポン礼賛』に世界中が驚いたことであろう」と指摘する。

差別と戦争への動きに怒りを向け続けた黒田さんの背中に多くを学んだという矢野さん。「あの悲惨な戦争を引き起こした日本社会の構造が、今なお変わりなく続いているのはなぜか」「社会が一丸となって無謀で愚かな戦争に突っ走ったのはなぜか」という問いを記者として探し続ける。日本社会に幾重にも張り巡らされた重層的な差別構造に目を向けると、戦前も戦後も切れ目なく続く差別という巨大なブラックホールに行き着く。今も差別の連鎖の中でしか自我が保てぬしくみが継続している。そこで脚光を浴びつづける安倍晋三という存在に焦点を当てると、日本社会の歪みがより解きやすくなると指摘する。

「朝鮮学校を高校無償化から除外し、これまで続いてきた自治体からの補助金まで打ち切れと文科省から通達を出す。朝鮮学校を潰せという意図があからさまだ。それなのに、なぜ、高い支持率を維持するのか。それは彼が日本人がもつ差別意識を丸ごと肯定してくれる、日本人にとって居心地がいいからだ」と怒る。しか

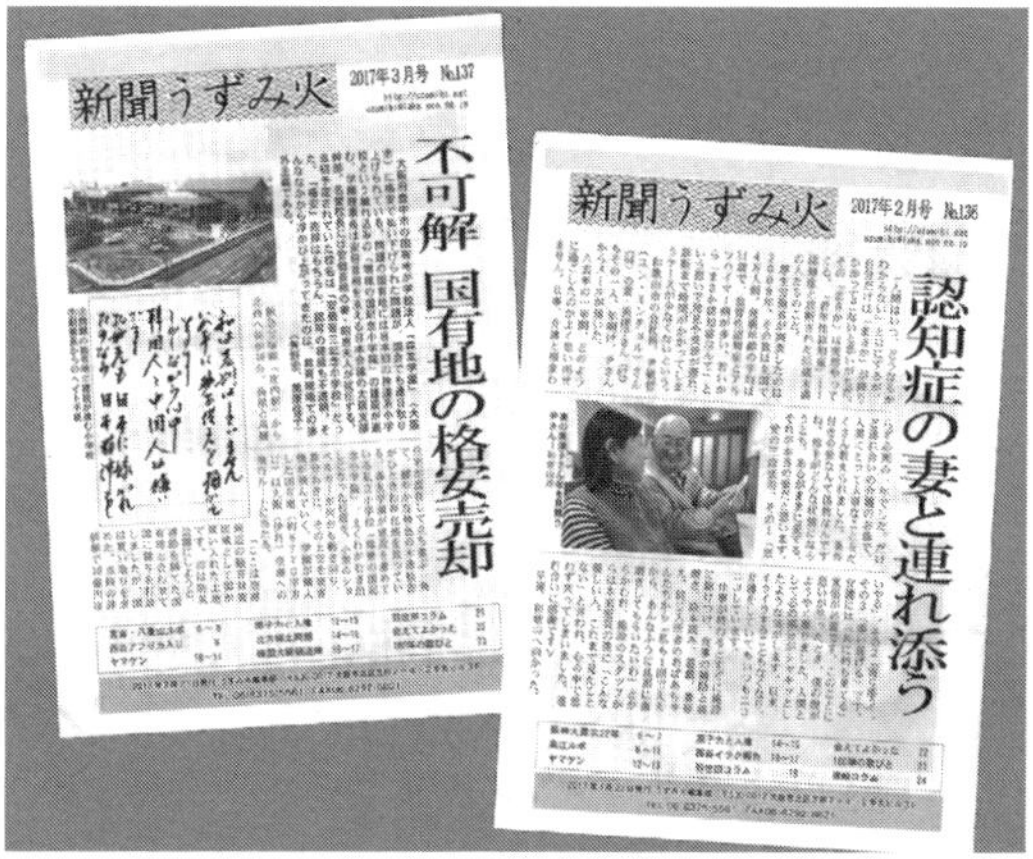

黒田イズムが脈々と息づく
「新聞うずみ火」

し、この状況に絶望してはならないと矢野さんは語る。

黒田さんは「よい新聞は、よい読者が作る」とよくいっていたという。「一般紙の記者のときは、読者にほめられたり、手紙をもらったことも余りなかった。読者の顔がみえる新聞を作るということは、人々の苦痛と喜びを分かち合えるということ。その感性を持って、今後も差別や戦争の動きと闘っていかなければ」と熱い心情を吐露した。

（2017年3月15日付）

再び加害者の島になってはいけない

報道カメラマン・石川文洋

　戦場カメラマンとして何度も死線をくぐりぬけた石川文洋さん。ベトナム戦争だけでなく、カンボジア、ラオス、ボスニア、ソマリア、アフガニスタンの戦争を撮影。さらに日本の戦争の軌跡を追って、中国、朝鮮、韓国、北方領土、西太平洋赤道付近の島々、フィリピン、ハワイなどを何度も訪ねた。

抗う民衆への共感

　ベトナム戦争を最前線で取材したのは26歳のとき。一昨年、ベトナムでの取材を始めてから節目の50年を迎え、新聞博物館（横浜市、２０１４年10月25日〜12月21日）で、沖縄タイムス社との共催による企画展「石川文洋写真展『ベトナム戦争と沖縄の基地』」が開催され、多くの観客が詰め掛けた。ベトナム戦争では米軍に同行し、故郷を奪われる人々の惨状を捉えてきた。また、嘉手納基地からベトナムに飛び立つＢ52爆撃機、宜野座村の

石川文洋（いしかわ　ぶんよう　1938〜）。報道カメラマン。沖縄県生まれ。毎日映画社などを経て、65年〜68年までベトナム戦争の米軍・サイゴン政府軍に従軍。69年から朝日新聞写真部勤務。84年からフリーに。日本写真協会年度賞、JCJ特別賞。『戦場カメラマン』『報道カメラマン』『写真記録ベトナム戦争』など。

キャンプ・ハーディーでの軍事訓練など、ベトナム戦争の最前線基地だった沖縄を捉えた写真を展示。米軍普天間基地の新型輸送機ＭＶ22オスプレイ、辺野古での基地移設反対運動をはじめ、近年の沖縄の状況も伝えた。

「米軍は50万人以上もの大軍をベトナムに送りこみ、その結果多数の民衆が犠牲になった。また、記者、カメラマンの犠牲者は、２００人近くに上る。米軍は50万人もの大軍をベトナムに送り込んで、民衆を虫けらのように虐殺していった。これを侵略といわず、何を侵略と呼ぶのでしょうか」

侵略への激しい怒りと抵抗する民衆への共感。数々の臨場感に富んだ写真は、当時世界中に配信され、反戦の国際世論を沸き立たせていった。その一貫した姿勢は最新刊『石川文洋の見た辺野古――基地で平和はつくれない』にも顕著に投影されている。副題は「再び加害者の島になってはいけない」。ひときわ目を引く装丁となっている。

沖縄がベトナム戦争における米軍の最大の支援基地であった事実、まさに「加害者の島」であった事実を強調しながら、辺野古に新基地を建設させてはならず、その加害の歴史を繰り返してはならないと訴えている。

常に石川さんが追い続け、向き合ってきたのは、「第2次世界大戦末期の沖縄戦で犠牲となった人々の悲しみやベトナム戦争の後方基地としてフル回転した沖縄の米軍基地、そこで暮らす人々の『消えることのない悲しみ』」である。

安倍政権によって、沖縄における自衛隊員の増加と基地の強化が図られる昨今。中国、北朝鮮の脅威を口実にして、与那国島に自衛隊沿岸部隊、宮古島にミサイル配備、ヘリコプター部隊配備計画が着々と進められている。

71年前、劣勢の日本軍は沖縄で10代の少年少女まで戦場に駆り出した。住民を巻き込む凄惨な地上戦。日本軍による住民追い出し、沖縄方言によるスパイ容疑での虐殺、多くの子どもが親や親類縁者によって殺害された「集団自決」なども起きた。米軍の報告書は「ありったけの地獄を集めた」と沖縄戦を形容した。沖縄人の犠牲者は12万人以上といわれる。

「占領、奪回と聞くと、沖縄の島が戦場になり、沖縄戦の時のように子どもや市民が死傷する場面を想像する。沖縄の要塞化が進められ、辺野古新基地が建設されれば、先島の基地と結びつくことは確実です」

力ではない、人間同士の信頼関係によって平和を築く時だ、と訴える姿勢にいささかの変化もない。

互いを理解し、信頼醸成へ

朝鮮には6回訪問した。1983年と2000年には北京から飛行機で。85年には北京から汽車で。91、92、96年には新潟から船で。

「朝鮮は暗い国だと一方的に思っている日本人が多い。ところが、現地で実際見るとそんなことはない。日本人と同じように喜び、悲しみ、怒りながら普通の暮

ベトナム戦争に従軍取材した石川文洋さん。写真は1967年、ラオス国境で。29歳の時。

らしを大切にしている。日本人の朝鮮への一方的な思い込み、偏見、誤ったイメージを正して行かねばと思う」

「日本軍の悪夢は今も沖縄の人々の脳裏から消えない。軍隊は平和をもたらさない。今の北朝鮮情勢にしても米軍の力を借りて、北を軍事力で封じ込めようとしている。こんなことでは東アジアに平和はもたらされないし、私たちは米軍の侵攻、爆撃による悲惨な結末をイラクでもアフガンでも見たではないか。朝鮮半島の人々が同じ悲劇を体験することに、私たちは耐えられるだろうか」

ミサイルや核などのゆがんだ報道を通じて北朝鮮憎悪の感情をかきたて、安保法、秘密保護法を成立させ、武器輸出を事実上解禁し、戦争態勢を一挙に確立した日本。

沖縄には「ヌチドウタカラ＝命は宝」という言葉がある。また、他人に痛めつけられても眠ることができるが、他人を痛めつけたら眠ることはできないということわざがある、と石川さんはいう。日本にある米軍基地の74％を占める沖縄が、ベトナムや湾岸戦争の時のように再び利用され、他国の人々に犠牲や苦痛を強いることが繰り返されてはならないと。「東アジアの平和に逆行する行為を、日本は絶対にしてはならない」と力説してやまない。戦争になれば、アジアの人が死ぬ。一般の人たちが死ぬ。沖縄戦の貴重な教訓である。「まず、互いを理解し、信頼醸成に努め、平和の方向への構想を描き、知恵を発揮すべきなのは、日本である」と訴える。

石川さんは03年、65歳で北海道・宗谷岬を出発し、１５０日をかけて沖縄・那覇までの

3300キロの徒歩の旅を敢行した。その旅の間、行き交う人々とふれあい、多くの人情にふれ、それをレンズで追い、ペンで記録した。

そして08年には、こんどは四国八十八カ所の遍路旅に踏み出した。戦場で斃れたジャーナリストらへの鎮魂の旅でもあり、また、すでに亡き石川さんの身近な人々を心に刻みながらの旅でもあった。途中、心筋梗塞に襲われ、心臓が停止。心筋の一部が壊死し身体障害者の認定を受けつつも懸命なリハビリとウォーキングによって危機をのりこえて、家族はもちろん、多くのファンを安堵させた。

80歳になったら「日本縦断徒歩の旅」に再挑戦したいと夢見ている。

「今生きていることに喜びを感じ、一日一日を大切にして多くのことに感謝しながら生活しています」と穏やかな表情で。「感動は人生の目に見えない財産」とサラリと口にする衰えぬ情熱こそ、半世紀を越える激動の写真家人生を支えた原動力であろう。

（2017年6月29日付）

写真家冥利、厳冬の白頭山を空撮

山岳写真家・岩橋崇至

日本を代表する山岳写真家・岩橋崇至さん写真展「大地の貌《かお》」が長野県の安曇野市豊科近代美術館で開催された（2017年4月28日～6月4日）。新作を含む120点の展示のなかで、とりわけ圧倒的な存在感を示していたのは、空撮された「厳冬の白頭山」と「明鏡止水」と題された、ユーラシア大陸最後の秘境といわれる白頭山の絶景。縦1・7メートル、横5メートルという大型パネルで展示され、見る者を圧倒した。今回の写真展では普段訪れることの難しい「白頭山」「ロッキー山脈」「ロックガーデン」などのパノラマ写真が展示される一方、ギャラリートークなども企画され、貴重な体験談やとっておきの秘話が披露された。

「まるで浮世絵を見ているようだ」

岩橋さんは、日本画家で、東京芸術大学教授などを務めた岩橋英遠氏（1903～96

岩橋崇至（いわはし　たかし　1944～）。東京生まれ。山岳写真家。2000-2001年、仏、伊、西、加、日で開かれた「新世紀を拓く／世界10人の山の写真家展」に日本からただ1人選ばれる。92年に出版した写真集「The Rockies ―アラスカからメキシコまで」は海外5カ国でも発売され、国際的な評価も高い。99年、東京の三越美術館で『岩橋崇至 山の世界』写真展～槍・穂高、ロッキー、白頭山～を開催。国内外100カ所以上で展覧会を開催するほか、講師や審査員を務めるなど活躍してきた。

年）の三男。英遠氏は壮大な次元を超えた風景を、独自の手法で組み合わせ神秘的に描き上げる作風で知られる。崇至さんは父の描く風景を資料撮影し、その作品制作サポートの傍ら、ヒマラヤ、カナダ、米国、メキシコ、朝鮮など世界各地の山々や自然、遺跡を取材してきた。60年代からスタートした写真家人生はすでに半世紀。

「父の背中で学んだ門前の小僧。私の写真を見たある米国人が『まるで浮世絵を見ているようだ』と評したことがあったが、父の影響かもしれない」と微笑んだ。

岩橋さんは「朝鮮名峰への旅」と題するフォト・エッセーを04年4月から07年12月までの約3年間、28回にわたって朝鮮新報で連載して、人気を博した。あらためて白頭山への思いを聞いてみた。

「写真というのは、思いを込めて、気を入れて、はじめて撮ることができると思う。私にとって、厳冬に空撮した白頭山は、これまで何十万枚撮ったか知らない、その中の最高傑作の一枚。当時、朝鮮人民軍の協力を得て、風圧の中、激しく揺れるヘリコプターの中から、命綱をつけて撮ることができた」

いま、朝鮮半島の平和と和解を求める期待感が高まっているが、かつてのように交流が活発になって、世界中の人がこの山に親しむことができるようになってほしい。

いま、岩橋さんの脳裏をよぎるのは、白頭山で過ごした270日間の思い出である。

「初めて白頭山に行ったのは、91年5月の半ば。冬枯れの荒涼とした景色が広がっているだけで、撮るものが見つからないというのが、最初に受けた正直な印象だった。それが山頂に立った途端、天池（山頂のカルデラ湖）越しに大陸の果てしない姿が広がり、シベリアからヨーロッパまで歩いて行けるのだという、日本にはない雄大なスケールと迫力に圧倒された。これはすごい、これが大陸の山だと、心が躍るようだった」

山岳写真の妙味は「空、光、影、色、そのすべてが、完全な調和を見せる一瞬」にあるという。その一瞬のために、時に、人を寄せつけない大自然の猛威に身を委ねる。

「12月に登った時、気温はマイナス35度、風速30メートルでした。突風に体がよろめき、地面に叩き付けられる。強風が運ぶ小石や氷の塊が顔に当たり、露出している顔はあっという間に凍傷の洗礼を受けた」。余談だが、朝鮮からの帰途、その凍傷の顔を見た日航の客室乗務員が「ギャー」と悲鳴をあげて驚いたことも忘れがたい。

そうした厳しさに耐えて40日。雲が切れて、風がピタリと止んだ一瞬が訪れる。

「波が止み、まるで天池の湖面が鏡のように見えて息をのむような景色だった」

想像を絶する困難に耐えた人だけが味わう至福の時でもあった。

とりわけ、「白頭山からの日の出は圧巻だった。地平線から昇る太陽は神々しい。まるで数十億年の時間をタイムスリップして、天地創造の場面に立ち会っている思いがしたものだった」と振り返る。

とっておきの話をしてくれた。天池では年に数回、風がぴたりと収まり、湖面が鏡のようになることがあるという。鏡のような湖面には、空や雲がくっきりと映し出される。すると空か水か区別がつかなくなったチョウが、自分から湖面に飛び込んでいくというのだ。

「風が弱くなった時に、たまに対岸の岩峰が湖面に映ることはあったが、チョウが自ら水に飛びこむなど、信じられない光景に度肝を抜かれた」

惜しみない協力を得て

年齢を重ねるうちに、山そのものより、そこに生息する生きとし生きるものに深い関心を寄せるようになった。白頭山の厳しい自然条件のもとで、風雪に耐えた高山植物の神秘的な美しさに出会ったからだ。

「日本では朝鮮戦争後、朝鮮には禿山が多く、緑が少ないというイメージが広がっているが、決してそんなことはなかった。とくに北にいけば行くほど、手つかずの自然が残っているのに驚かされた。そこを自由に撮らせていただいたことは幸せなことだった」

ヒマラヤの6500メートルほどの山に登った時と同じ装備で白頭山に登ったが、その強風と寒さは凄まじくて、ヒマラヤのほうが楽だったと述懐する。とりわけ忘れられなかったのは、国境地帯を守る守備隊に親切にしてもらったことだという。枕峰《ペゲボン》の山小屋から山頂までの約20キロメートルの冬の山道を、機材などが入ったダンボール20個をかついで山にあげてくれたのは体力が勝っている若い隊員たちだった。

ギャラリートークで大勢の人たちの前で話す（長野・安曇野市豊科近代美術館）

「平壌から恵山までの500キロの列車の旅も思い出深い。日本より広軌なレールのため車輌も余裕があって、そこで温かい食事を作ってくれた食堂車の人、長い撮影の待機中、嫌な顔ひとつせず待ってくれていた車の運転手さん。渓谷でイワナ釣りなどをして、バーベキューの用意までしてくれた。あらゆる人たちが惜しみなく協力してくれたことを思い出すと心が熱くなってくる」

「米国のグランドキャニオンに取材に行った時、老人が近寄ってきて『おまえはジャップか』と怒鳴られたこともある。戦争中のことをいまだに彼らは忘れていないのだ。朝鮮でもそんな体験をするかもしれないと覚悟をしていたが、出会った人たちはみんな素朴で、温かかった。とくに女性たちは、私たちの社会がとうに失った礼節を知っていて感動したことを覚えている」

偏見で相手を見るばかりでは、こちらの目も曇ってしまう。こちらが胸襟を開くと相手も変わってくる。「古代からさまざまな文化的な恩恵を受けてきた朝鮮との交流が自然にできるように願っている」と、温かいまなざしで語ってくれた。(2017年6月7日付)

行動する作家、反戦へ桁外れの行動力

作家・小田　実

日本を襲った未曾有の大厄災。東日本大震災で故郷を失った人々の嘆きは、深刻さを増している。極寒の中、被災者の方々の不安はいかばかりかと思う。3年前、被災した同胞らの下に、救援金と救援物資を持っていち早く駆けつけたのが西神戸、神奈川、北海道をはじめ各地の同胞たちだった。また、こうした救援物資を使って、宮城の同胞たちは総出で近隣の避難所でおにぎり、豚汁などの炊き出しを行った。住民たちは「被災して初めて野菜を口にした」「温かいスープを食べて、生き返った」「キムチを食べて元気になった」などと喜んだという。

文字通り隣人同士の助け合いの輪が自然に広がっていることを示す心温まる光景は、来年で20年を迎える阪神大震災の際にもたくさん見られた。作家の故小田実さんの活動が記憶に鮮やかだ。小田さん一家も兵庫県西宮市の自宅で被災したが、「市民救援基金」を呼びかけて、集まった基金のうち６００万円を朝鮮学校４校に寄付してくれたのだ。

小田　実（おだ まこと　1932～2007年）。大阪府生まれ。作家。体験記『何でも見てやろう』で一躍有名になった。九条の会の呼びかけ人の一人。60年安保闘争の時期から、平和運動を開始する。ベトナム戦争期は、「ベトナムに平和を！市民連合」（べ平連）、「日本はこれでいいのか市民連合」を結成。『HIROSHIMA』でチュニスでのアジア・アフリカ作家会議によりロータス賞、97年に短編「『アボジ』を踏む」で川端康成文学賞をそれぞれ受賞した。

当時、小田さんは、基金に参加した日本はじめ世界各国の人たちから「よくやってくれた」という声をかけられたととても喜びながら、こう語った。「震災までは住民と朝鮮学校の間には道一つ隔てて何の交流もなかった。しかし、お互いの助け合いの努力の中で、眼に見えない国境は消滅した。こういう真の『共生』が、日朝の間に築かれるようになればいい」と。

生涯貫いた「殺すな」の思想

小田さんはベトナム反戦運動など市民運動の先頭に立った行動派の作家で、元「ベトナムに平和を！　市民運動」（べ平連）の代表も務めた。昨年、七回忌を迎えて「われわれの小田実」が刊行されるなど、その影響力はいまなお根強い。生涯を貫いた精神と行動の原点にあったのは、「殺すな」という言葉だった。そして、戦争や権力の下で、踏みにじられた人々への強い共感とまなざしが、地球規模の桁外れの行動力を支えたのだ。

大阪市生まれ。敗戦前日の45年8月14日に大阪大空襲に遭い、このとき目にした惨状がその後の小田さんの生き方の原点となった。「空襲は一方的な殺戮だった。空から降ってくる爆弾、焼夷弾に対して人々は何の抵抗もできないままにひたすら殺されてしまった」。道端に転がる黒こげの死体を片付けながら、13歳だった小田少年は、死ぬことと殺されることは違うということをひたすら考え抜いた。それ以来、災難にあった死を「難死」と名づけ、その「無意味な死」の意味を考えてきたという。日本の「戦前」、「戦後」どちらもが「軍事大国」「経済大国」を作り出しながら、ついに人間が安心して生きられる「人間の国を作り出さなかった」と。まるで、福島原発事故を予言したかのように、こう口にしていた。

「第3世界の未来は、原子力発電とか、巨大なダムといった遅れた文明を必死に追いかけるのをやめて、軍事とは無縁の、安全な科学技術によって切り開かれるべきで、日本のような『戦後』を繰り返せば、それはもう絶望しかない」

朝鮮問題への取り組みも一貫していた。76年に初訪朝して金日成主席と会見した。その行動を突き動かしたのは、国交のない非正常な朝・日関係に終止符を打ち、朝・日の市民同士のまっとうなつきあいこそが大切だという信念からだった。03年には日本と南の知識人194人が署名した「東北アジアの平和を求める日韓市民共同声明」を発表し、日本政府に対して朝・日国交交渉を直ちに再開するよう求めた。また、06年10月末には、東京で開かれたシンポ「東北アジア平和のための韓国と日本の役割」に病身を押して出席し、朝・日正常化と東アジアの平和実現を訴えていた。

「慰安婦」問題で「問答無用の怒り」

死の間際まで、小田さんの情熱と行動力は衰えをみせなかった。生前、小田さんに何度もインタビューする機会があった。朝・日問題から文学観まで幅広い話

兵庫県芦屋市に建立された小田さんを偲ぶモニュメントと文学碑

をうかがった。そのなかで一番印象に残っているのは、「朝鮮問題は日本人をまっすぐにさせるものだろうね」という言葉だった。デビュー作『何でも見てやろう』以来35年ぶりの訪米直後（1996年）のインタビューで。

「（ニューヨーク州立大学での）最後の講義で、日本のアジア侵略を取り上げ、元『従軍慰安婦』らを写した一枚の写真を見せたことがある。その瞬間、学生らの顔に浮んだ怒りと恥ずかしさは、言葉でいい表わせないほどだった。『この写真をみて、問答無用の怒りを覚えない者は人間ではない』と語ると、いっせいに拍手が起きた。僕も感動しました」

さらに、今の日本文学が抱える問題点についても「加害性に徹底して迫る作品がない、これは現代文学の大問題」だと強く批判、ドイツにはどんな政治的な視点であろうとも、「アウシュビッツのような加害の問題を徹底的に追及した作品が数多くある」と指摘した。

ノーム・チョムスキーは、「小田実の死は恐るべき損失である」と嘆き、悲しんだ。戦争への不気味な予兆を見せ始めた日本において、最前線で闘うべき人だったとの思いを深くする。

小田さんの文学と思想は、厳しい状況で生き続けていく現代人に生きる力を与え、その影響力はいまも根強い。2016年6月、小田実さんを偲ぶモニュメントと文学碑が兵庫県芦屋市の高齢者福祉施設「あしや喜楽苑」の敷地に建立され、除幕式が行われた。モニュメントと文学碑は、妻で水墨画家の玄順恵さん（63歳）が同施設に寄贈したもの。「人」の字をモチーフにしたモニュメント（黒御影石製、高さ1・1メートル）には、「小さな人間」一人ひとりの力の強さとその結集を信じ、平等で自由な人間らしい社会を希求した小田さんの「人間みなチョボチョボや」の言葉を刻んだ。玄さんはこう語る。

「小田文学の背景は、戦争を抜きには語れない。しかし、戦後71年目の日本は、戦争体験者や戦争の実相を知る人がいなくなった。そうした中で状況を見渡して、ものごとの本質を見抜いて、平和の行動へと人々を導く存在が求められている。小田の没後9年になるが、このモニュメントと文学碑が戦争の記憶が風化しないように、そして、平和を求める市民運動にかかわる人々に勇気が与えられるとうれしい」

（2016年7月13日付）

5

過去の歴史に向き合うこと

「血で書いた真実を明らかにした」半生

歴史家・中塚　明

筆で書いたうそは、血で書いた真実をかくすことができない。／この書をよんで、魯迅のこのことばをおもいおこすのは、ぼくひとりではあるまい。／朝鮮問題とは、日本国民にとっては、実は日本問題なのである。／日本の支配者が朝鮮にむかってなにをしたか、その真実の認識なくして、日本国民の自覚は決して真実となることができない。（山辺健太郎著『日本の韓国併合』に寄せた羽仁五郎の推薦文より）

山辺健太郎に導かれて

今年86歳を迎えた歴史家の中塚明さんが昨年末、『日本の朝鮮侵略史研究の先駆者と現代』を刊行した。冒頭の一文は、本書の結びの言葉として添えられている。中塚さんは日清戦争・日朝関係史研究の第一人者。近代日本の立ち遅れた朝鮮観を根底から覆す視点を切り開いてきた歴史家として知られる。その中塚さんが歴史研究をするうえでもっとも

中塚　明（なかつか　あきら　1929〜）。大阪府生まれ。日本近代史、特に近代の日朝関係の歴史を主に研究。奈良女子大学名誉教授。著書に『日清戦争の研究』『近代日本と朝鮮』『蹇蹇録の世界』『歴史の偽造をただす』など。

影響を受けたのが終生「事実にもとづいた日本の朝鮮侵略の歴史を明らかにすること」を一貫して主張しつづけてきた山辺健太郎である。

中塚さんはこう語っている。「1961年、当時、高校の教師をしていた私は、歴史家の山辺健太郎さんに導かれて、初めて国会図書館の憲政資料室を訪ねた。陸奥宗光文書が公開されたばかり。日清戦争の後も日本軍を駐屯させてほしいという要請を朝鮮政府から出させるという外交文書の原案が日本の外務省の罫紙に書かれていた。そういう史料を初めてみた。私の歴史研究で決定的な影響を受けたのは山辺さんとの出会いであった。そして、山辺さんの推薦で、『岩波講座日本歴史　近代4』（1962年刊）に「日清戦争」を書くことになり、それがその後の私の研究の新たな出発点となった。30代の初めだった」と。

中塚さんがもう一つ山辺さんから教わった大事なことは、「天皇制の支配下で書かれた本や編纂された史料には往々にして改ざんや書き直し、削除がある。だから元の史料（第一次史料）、手の加えられていない史料を探して研究するように」ということだった。本書の冒頭には「この山辺の教訓が私の研究を貫いている」とキッパリ書かれており、さらにこの二つの教えは「現在の日本への警告であり、思想的課題として生きている。日本人の歴史認識を問いただす、いまなお重要な提言である」と力説されているのだ。

今の日本には、明治の戦争はおろか、満州事変以後の戦争もすべて正当化する風潮が強まっている。日本が朝鮮を支配するのに重大な一歩となったのは日清戦争だ。「朝鮮独立」

のためと日本が言って始めた日清戦争の最初の武力行使が、朝鮮王宮の占領であった。中塚さんは1994年、奇しくも日清戦争からちょうど100年目の年、福島県立図書館の「佐藤文庫」で、「日清戦史」の草案を調査した。その時、朝鮮王宮占領の実態が詳細に書かれた草案の記述を発見した。

そこには、この朝鮮王宮占領は、日清戦争を始めるにあたって、なかなか日本のいうことを聞かない朝鮮の国王を擒《とりこ》にして、日本軍のいうことを聞かせるために、事前に周到な準備をして、日本政府の出先機関である公使館（いまの大使館）と日本軍が緊密に協力して引き起こした計画的な占領であったと記されていた。

「日清戦争で日本政府は朝鮮政府に向かって宣戦布告をしていたわけではない。まさに『朝鮮の独立のため』の戦争と言ってきたのだから、こんな計画的な王宮占領の事実を公表することができなかった」

しかも、その事実を外交文書や戦史から抹殺して、記録に残らないようにしてすませてきたために、「その異常さ」がのちのち繰り返されることになったと語る。

国王が事実上、日本軍の擒になったこの王宮占領は、朝鮮の民衆の大きな憤りを招いた。「この王宮占領後、1894年秋からの農民軍の第二次蜂起は、大規模な抗日民族闘争であり、日本がその後、アジアの各地で直面する民族的・大衆的な抗日闘争の最初のものであった」と中塚さんは指摘する。

農民軍の決起に対して、日本陸軍川上操六参謀次長は同年10月26日、「向後悉ク殺戮スベシ」（これからは皆殺しにせよ）と、朝鮮にいる日本軍に電報を打った。この東学農民軍およびその鎮圧に関係する記録は、外務省外交史料館にファイルはあるものの、「日本外交文書」には一点も収録されていない。

「王宮が占領され国王が擒になっただけでなく、ばく大な犠牲を払ったこの抗日の闘い、その民衆的体験、それはいかに皆殺しにあったとはいえ、朝鮮の民族的体験として、忘れようとしても忘れることはできないものであった」と語る。

「隣国・朝鮮との平和的な共存なしに、日本の安全も保障されないということは、近代歴史にさかのぼって立証されている。朝鮮をはじめとするアジア諸民族の民族の心を踏みにじったことが、あの戦争の惨禍を招き、日本を敗戦に導いた根本的な理由であったと私は研究を通して確信している。明治以降の日本の来し方を、もう一度よく振り返って、一人ひとりの日本人が自主的に考えることが大切である」

日本の公権力による偽造

2016年、日本で翻訳出版された『朝鮮東学農民戦争を知っていますか？　立ち上がった人々の物語』（宋基淑著、中村修訳　梨の木舎）に推薦文を寄せた中塚さんは、「（日本は自国の安全のために中国やロシアに対抗して朝鮮を支配するのは当然だという見方について）朝鮮人は日本軍の侵入にどう立ち向かったのか、そういう大切なことをいっさい押し隠してしまうために日本がまき散らしている、朝鮮に対する偏見ではないでしょうか」と問いかけた。

昨今の安倍内閣の暴走を考えた時、歴史をわきまえない安倍内閣の妄言、妄動に、朝鮮半島の人々がどれほど苛立ち、傷ついているか。日本の公権力による歴史の偽造・改ざんは、いまも公的に正されることなく、生き続けている。中塚さんは、「今日の日本の頽廃《たいはい》、頽廃を頽廃とも思わぬ歴史的無知、その底に歴史の偽造・改ざんの遺産が重く横たわっている。日本人が過去の歴史の事実にしっかり向き合い、それから目をそらさないことが、今ほど求められている時はない」と、強調してやまない。

まさしく、中塚さんの歴史研究は日本支配層の「筆で書いたうそ」を白日のもとにさらし、朝鮮民衆の「血でかいた真実を明らかにした」半生であり、山辺健太郎の精神を受け継いだ揺るぎない足跡が印されたものだ。

（２０１６年12月10日付）

「歴史の闇」を抉るひたむきな探究心と行動力

歴史家・山田昭次

今年は関東大震災の朝鮮人虐殺から93年。山田昭次・立教大名誉教授はこの間を「恥の上塗り」の歳月だと語る。「今日まで日本政府から朝鮮人虐殺事件の調査結果の発表も、謝罪もなされなかった」からだけではない。

ふざけた答弁

虐殺の国家責任について山田さんは、震災時に朝鮮人が暴動を起こしたという誤認情報を流して朝鮮人虐殺を引き起こした第1の国家責任と、その責任を認めず、あらゆる手段を使ってその責任の隠蔽を図った第2の国家責任について指摘する。在日朝鮮人からの人権救済申し立てを受けた日本弁護士連合会は、03年8月25日、小泉首相に対してこの事件に関する謝罪の勧告書を出したが、返答はなかった。この日本政府の無責任体質は、安倍政権下でも一貫している。今年5月27日、政府の関与の事実認定を求めた野党議員の質問

山田昭次（やまだ　しょうじ　1930〜）。埼玉県所沢生まれ。歴史研究者。近代日本におけるアジア侵略を追及している。立教大学名誉教授。「関東大震災朝鮮人虐殺の国家責任を問う会」共同代表。著書に『金子文子 自己・天皇制国家・朝鮮人』、『関東大震災時の朝鮮人虐殺 その国家責任と民衆責任』など。

主意書に対し、安倍首相は6月7日に提出した答弁書で「調査した限りでは、政府内にその事実関係を把握することができる記録は見当たらないことからお尋ねについてお答えすることは困難である」と答弁し、またもや関東大震災時の朝鮮人虐殺の国家責任を隠した。

これまで、政府文書などの公文書によって朝鮮人虐殺の国家責任を明らかにしてきた山田さんは、呆れ顔で「ふざけた答弁だ」と一蹴する。

山田さんが最も顕著な事例としてあげるのは、1923年9月3日午前8時15分に海軍東京無線電信所船橋送信所から呉鎮守府副官経由で各地方長官に送られた内務省警保局長の電文である。――「東京付近の震災を利用し、朝鮮人は各地に放火し、不逞の目的を遂行せんとし、現に東京市内に於て爆弾を所持し、石油を注ぎて放火するものあり」

2008年、内閣府中央防災会議の「災害教訓の継承に関する専門調査会」が出した報告書は、「軍隊や警察、新聞も一時は流言の伝達に寄与」「爆発や火災の延焼、飛び火、井戸水や池水の濁りなど震災の一部を、(朝鮮人による)爆弾投擲《とうてき》、放火、投毒などのテロ行為によるものと誤認したことが流言の一原因」と結論づけている。

昨今、在日朝鮮人を標的にしたヘイトスピーチや排外主義的言動が跋扈《ばっこ》する。日頃から多くの市民に差別心がジワジワと浸透し、メディアがその空気を助長する報道を繰り返せば、流言は広く受容され、暴力を生む要因となる。日本政府が関東大震災時における朝鮮人虐殺の国家責任を隠し続ければ、93年前の悲劇が繰り返されると山田さんは警鐘を鳴らす。

「日本人が殺した」という碑文はない

山田さんは民衆責任についても追及の手を緩めない。「埼玉県や群馬県に戦後に建立された朝鮮人犠牲者の慰霊碑があり、『ここで朝鮮人が悲惨な最期を遂げた』と書かれているが、『日本人が殺した』と記した碑文は、09年に荒川河川敷側の私有地に建立された追悼碑以外いまだに一つもない」と憤る。

「日本の民衆が朝鮮人虐殺の自己責任をあいまいにしたのでは、日本国家が虐殺責任を認めて謝罪するはずもない。日本の民衆は朝鮮人虐殺に加担した原因を自ら解明し、反省すると同時に、国家責任を解明することがその責任である」と断じる。

新聞の責任についても厳しい視線を向ける。

「新聞は全般的にこの事件以前から朝鮮人の解放、独立運動に偏見をもたせる報道しかしなかったし、事件当時も政府の政策に追随するだけだった」と指摘したうえで、一連の拉致事件報道に触れて、次のように強調する。

「朝鮮民主主義人民共和国に向けられた批判の厳しさは、同時に日本国家の朝鮮人虐殺に向けられなければならない。真相を隠ぺいし、事実を抹殺し、謝罪もしない日本のありようは、南北朝鮮や在日の朝鮮民衆の共感を得ることはできない」

86歳。ますます燃え盛る「歴史の闇」に迫る探究心と行動力。山田さんが今強い関心を寄せているのが、関東大震災時における朝鮮人女性に対する性的虐待、虐殺事件である。

「言語に絶する虐殺の残酷さは、民族差別にさらに女性差別が加わって行われた結果であろう。このような日本人の行動は、朝鮮人が暴動を起こしたとデマが流されたので、自衛のために自警団を結成したといったものではなく、きわめて攻撃的である。それは民族的には支配民族としての優越心、性的には男性としての優越性に発した行動である」と糾弾してやまない。そして、山田さんは朝鮮人女性に対する虐待、虐殺に関しては、当時も、その後も議論・反省されることは皆無だった。その無反省がアジア・太平洋戦争の時期の「従軍慰安婦」制度を生み出したといえないだろうかと指摘する。

金子文子の思想に共感

山田さんの膨大な研究の歩みの中でも、鮮烈な印象を残しているのは1996年に影書房から刊行された『金子文子――自己・天皇制・朝鮮人――』。徐兄弟救援の最中の70年代の末期に金子文子の自叙伝『何が私をこうさせたか』を読んだことが契機になってその思想や生き方に魅かれて資料を集め、また彼女が暮らした日本や韓国の地を訪ねた。山田さんは文子が受けたさまざまな差別を媒介にして、植民地支配下の朝鮮人の苦しみやたたかいをわがことのように感じて朝鮮人と共闘した女性だったことを明らかにした。「それが私の徐兄弟救援への思想的励ましとなった」と述懐している。

文子は1903年に横浜に生まれたが、幼少期から無籍者として差別を受けた。12年から19年まで父方の叔母が嫁いだ忠清北道の芙蓉面に住む岩下家の養女として過ごしたが、ここでも一緒に住む父方の祖母によって虐待された。このように日本人から受けた被差別体験を持つ彼女は、日本人植民者から受けている差別・抑圧を受けている朝鮮人、あるいは朝鮮人が解放を求めて立ち上がった三・一運動に深い共感を抱いた。

文子は東京で苦学している際に、日本の朝鮮支配にひたむきに抵抗する朴烈に出会い、彼に共感して結婚した。彼女は関東大震災の際に朴烈と共に警察に収容され、共に皇太子の暗殺を図ったとして大逆罪と爆発物取締罰則違反容疑で起訴され、26年3月25日に大審院で死刑判決を受けた。2人はまもなく無期懲役に減刑されたが、文子は7月23日に獄中で死去した。自殺といわれるが、死因は明らかでない。享年23歳。

予審判事の転向強要にも屈せず闘った文子。山田氏はその心情をこう読み解く。「彼女は朝鮮人の闘いに深く共感し、かつ朝鮮人の闘いと重なる部分で断固として共闘したのだ。連帯とはそのようなことであると文子は教えている」

山田さんは日本の近代の思想史を、虐げられ差別され続けた民衆の視点から解き明かしてきた。ぼう大な編著書には、その足跡が鮮やかに刻印されている。『関東大震災時の朝鮮人虐殺とその後――虐殺の国家責任と民衆責任――』『生き抜いた証に――ハンセン病療養所多磨全生園朝鮮人・韓国人の記録――』などの息の長い誠実な仕事。「在日韓国人政治犯徐勝・徐俊植さん兄弟救出のために献身的に捧げた19年。他者の苦痛に寄り添う姿勢は、学問と生き方に通底する。歴史家の琴秉洞氏（故人）は、山田さんの揺るぎない姿勢を「まるで求道者のように清々しい」と敬意を惜しまなかった。

（2016年11月2日付）

言えるときに言っておかねば

俳優・三國連太郎

2013年4月14日、三國連太郎さんが逝った。長男の俳優・佐藤浩市さんが「凛として威厳があって、不思議な感慨がありました」と語っていたが、怪優、名優の名をほしいままにした見事な俳優人生であった。

生前、2度お目にかかり、戦争中の話をお聞きしたことがあった。静かで知的な話し方は俳優というより、哲学者のような風貌であった。1995年の春。日本が「戦後50年」を迎え、ターニングポイントを迎えようとしていた頃であった。

暴力が支配する日常

「嫌で嫌でたまらなかった」——戦争に駆り出され2年間の兵役についた時のことを三國さんはこう振り返った。暴力が支配する不毛の日常。「背が高かったものですから、殴られるのはいつも僕なんです。早朝、点呼で呼ばれると、いつも遅いといって殴られた」。

「撃つ気がない」から銃を持っても、撃ち方が分からず、結局中隊で邪魔者扱い。「ついに1発も撃たないで帰ってこれた」と。

三國さんが一番語気を強めたのは、「従軍慰安婦」問題について聞いた時のこと。

軍隊は他民族や女性への徹底的な蔑視感を植えつけるところだったと語り、「大和民族の優越意識を持たせ、朝鮮民族やアジアの人々を見下す。明治以来の教育を実践する場でもあった」と。

そこで三國さんが見たものは――。「朝鮮女性を『慰安所』に押し込め、兵士たちになぶりものにされる。日常の風景であった。日本の政治家のトップの人たちは僕らの世代。知らなかったはずは絶対ない。それを口を拭ってシラを切ってしまうというのは、日本の戦後を端的にさらけ出すもの」。インタビューしたのが「戦後50年」企画ということもあって、日本の戦後の歩みについて厳しい口調を変えることはなかった。

「過去についてシラを切り続ける今の日本」は、「朝鮮民族に『劣等民族』の烙印を押し、武力侵略と経済的搾取を用意周到に進めたかつての日本」の延長線上にあると批判、「歴史の歪曲が進み、侵略の事実さえも否定しようとする政治家が後を絶たない日本は、他民族を蹂躙した加害者の歴史をすっかり忘れている」。言葉と文字を奪い、父祖代々の姓名を日本名に変え

三國連太郎（みくに　れんたろう　1923～2013年）。群馬県生まれ。日本を代表する名優の一人。代表作に『飢餓海峡』『神々の深き欲望』『復讐するは我にあり』『にっぽん泥棒物語』『釣りバカ日誌』シリーズなど。

させた、古今東西の歴史でも類を見ない日本の過酷な植民地支配。「そうした過去の日本を等身大で思い描く日本人が果たしていまどれだけいるだろうか」と厳しく問うた。

三國さんは当時、朝鮮と沖縄の戦後史を通じて日本のゆがんだ歴史認識を見直そうとする本を執筆中だった。その過程で朝鮮からの強制連行の証言を体験者から自ら聞き取った。作品に向かう真摯な姿勢は際立っていた。

「虐殺事件、土地略奪、なんでもありです。しかし、朝鮮侵略から1世紀経ても、われわれ一人ひとりがそのことを正しく認識してこなかった」

朝鮮半島から九州の炭鉱に連行されてきた男たちの地獄の日々。「炭鉱では拷問や事故で朝鮮人がどれだけ命を落としたか、数えきれない。このことを学校できちんと学ばなかった若い人たちにはショックかも知れない。でも、目を背けないでほしい。そこから戦前、武力を盾にした政治勢力が何をしてきたかを理解する糸口をつかんでほしいと思う」

自分にとって都合の悪い歴史を忘れるのではなく、日本人がそれを直視し、非を悔い改めなければと語る。いまわしい戦前と同じ時代がくるのを手をこまねいて待つというのは、「性分にあわない。少しばかりいいたいことがいえるうちにむしょうにいっておきたい」と、率直に、縦横無尽に語りつくしてくれた。

国家に捻じ曲げられ

狂気に覆われつつあった時代を体験した三國さんは、戦争へと傾斜する社会の雰囲気を敏感にとらえていた。「中学に入っても軍事教練ばかり。ゲートルを巻くのが嫌で外していくと配属将校に目茶苦茶殴られて。それが耐えられなかった」。16歳。中学3年の途中で家出した少年は東京に出て、その後、下田から木造船に密航して中国へ。各地を転々としたあと朝鮮の釜山に。37年、日中戦争が勃発して軍靴の響きは高まるばかりだった。その頃の釜山の駅前は、あてもなく毎日、日本人手配師の来るのを待つ朝鮮人労働者で溢れていた。「ある時、意味不明な怒号を耳にして立ち止まると、1人の朝鮮人を、日本人の手配師が『ナップンノム、カマニイッソ』『ヨボ、カマニイッソ』と叫びながらステッキで打ちのめしていた。その言葉は、半世紀たった今も耳にこびりついて忘れられない」。港に漂うむなしさは、少年に「戦争への生理的な嫌悪感」を抱かせた。戦火から逃れるようにして今度は大阪に。船の錆落とし、映画館の看板書き、掃除などの雑役など何でもやった。

それから5年。20歳になった青年の下に、赤紙（召集令状）が届いた。母からは「おまえも親不孝をしたが、これでやっと天子様にご奉公できるようになった。名誉なことであるからお役にたってもらいたい」という手紙が来た。

「胸の中にむらむらと、死んでたまるか、という反抗心が込みあがってきた」

青年には忘れがたい心象風景があった。「私にとって国家というものは、どうにも信じがたいものであった。小学校でも中学校でも、校庭の入り口に御真影奉安所というのがあって、毎日そこを通るたびに必ず最敬礼をしなくてはならないと、教育をうけてきたのです。どうしてそうしなくてはいけないのか。ずっと疑問がとけなかった」

戦争遂行にまっしぐらの時代。たった紙切れ1枚で死なねばならないことに「どうしても納得できなかった」。三國さんは大阪駅から、故郷の静岡とは正反対の、西に向かう貨物列車に飛び乗った。その行動は少年時代に受けた皇民化教育への痛烈な拒絶であった。「あのままもし、学校をやめずに戦争一色に塗りこめられた教育を受けていたら、逃げなかったかも知れない。途中で学校をやめたのが、幸いだった」。当時、徴兵忌避は大罪。そのはっきりした意識というよりも「生理的な嫌悪感」にそって行動した結果だった。途中で母親あてに手紙を書いた。「何としてでも生きたいので逃げる。親や兄弟に迷惑をかけるが許してほしい」という文面だった。九州から朝鮮半島、中国大陸へと、行き先も書き添えた。しかし、母の通報で逃亡計画はあえなく頓挫。「あっけなく捕まり、たちまち連れ戻され、静岡の連隊に入れられた」

三國さんは「母を責める気は起こらない。ひどく白い目で見られる。村八分にされる。おそらく、逃げている当事者よりつらいはず。たとえいやでも、わが子を送り出さざるを得なかった。戦中の女はつらかったと思う」と母の気持ちを慮っていた。

母の人間としての感性を狂わせたのは、「明治以来の軍国主義の政治や教育。1人では逆らいきれない、国家の暴力によってねじ曲げられてしまった」のだと。三國さんには、「人間を虫けら同然に扱ったあの時代」が再び近づきつつあるという暗い予感のようなものがあったと思う。

（2017年5月13日付）

大きな人間的魅力と包容力

政治家・久野忠治

圧力に屈せず、信念貫く

自民党の「クノチュウ」こと自民党の久野忠治代議士が、１９７２年1月、戦後初めて超党派の日朝議連代表団を率いて訪朝してから今年で奇しくも40年になる。日本政府・自民党首脳から「どうしても行くなら離党しろ」とまでいわれたが、圧力に屈せず、信念を貫いた政治家だった。金日成主席と会見し、両国の国交正常化促進についての共同声明を発表した久野さんらの訪朝を、各紙は「日朝間のゆがんだ関係に終止符を打ち、平和で友好的、そして、互恵平等の新しい日朝関係を開く第1歩として、歴史的な意味を持つことになろう」（毎日新聞72年1月26日付社説）、「日朝に橋はかかった。こんどの訪朝は、これから何年間にわたる日朝両国関係改善のスタート地点にようやくたどりついたものといえよう」（読売新聞72年1月25日付）と高く評価した。

久野 忠治（くの ちゅうじ　1910～98年）。愛知県知多市出身。政治家。元郵政大臣。愛称はクノチュー。超党派の日朝友好促進議員連盟初代会長。72年1月、平壌で日朝共同声明に調印した。衆議院議員を14期務め、90年、政界を引退。

当時、日本刀を持った右翼が羽田空港に押しかけるなど、久野さんの訪朝に危機感を抱いた日本の右翼保守勢力。激怒した佐藤首相が「絶対に大臣にさせない」といった話まであった。

人々の貴い汗の結晶

生前、主席と7回会見し、16回も訪朝、そのうち1回は家族10人と共に朝鮮を訪ねた久野氏。そのつど気さくに、主席と会見した時の印象や朝鮮について記者に語ってくれたことがあった。

なぜ、周りの反対を押し切ってまで、初志貫徹できたのかという問いには、「私は子どものころ、正月と村祭りの日にしか魚を食べることのできんような貧乏な家に育った。朝4時に起きて、母の営む納豆屋の豆をひいて中学へ通うたんだ。だから――」

「体制を超えてこの世から飢えと貧困をなくすことが私の政治家としての信念。つまりヒューマニズムだよ、社会主義国を理解することも」

「敗戦前、私は建設業を営んでいた関係で、大同江周辺を現地調査したことがある。当時、朝鮮はどこもハゲ山で、山には木は一本もなく、赤土がむき出しになり、緑はどこにもなかった。その荒れた大地にクワを入れ、トラクターを走らせ、沃土に変えたその歳月は金日成主席の周りに固く結集した人々の努力と貴い汗の結晶以外の何物でもない」

いつもニコニコして、丸い顔に笑顔を絶やさなかった久野さんだったが、さすがに、主席との初対面のときは緊張でコチコチになったという。

「政治家とはいえ、一国の指導者と会うときは緊張するものだ。まして、主席は祖国の解放をなしとげられた革命家であり、朝鮮戦争という厳しい体験をくぐりぬけ、国の復興と建設を推進した偉大な政治家。その政治家にお会いするのだから緊張するのは当然だよ」

ところが、主席に会ってみると、当初抱いていたイメージとは全く異なり、厳しさよりも柔和で庶民的な印象を受けたと話す。さまざまな圧力や妨害をはねのけて平壌入りした久野さんを「大きな人間的魅力と包容力で包み込んでくれた」と語った。

16回訪朝、家族を紹介して

その後も、ほぼ毎年のように訪朝を重ね、主席と親交を重ねた久野さん。とりわけ81年には、夫人や孫を含め家族10人で訪れた。この時、夫人は戦前のこともあって、どうしても（訪朝を）嫌だとしぶっていた。そのため、久野さんは孫を先に口説いた。孫が「おばあちゃん、一緒に行こう」というものだから、しぶしぶ夫人が承諾したという話を目を細めながら打ち明けてくれた。その夫人も行ってみて180度変わったという。「お父さん、考え違いをしていました。朝鮮の人たちがこんなに親切で思いやりがあって清潔で、規律があるすばらしい人たちだとは思いませんでした」としみじみ語り、新しい国造りにまい進する朝鮮に親近感をもったという。

久野さんは、こうした体験を踏まえながら、日本人の中には、朝鮮について独裁国家だとか、人民の自由が束縛され、苦しい生活を強いられているというような悪口を平気でいう人がいる。しかし、日本と朝鮮は体制が異なる。その違いを無視して自分たちのものさしではかったり、色メガネで見るとその国の本当の良さや素顔を知ることはできない、と口ぐせのように語っていた。

中部日本放送（ＣＢＣ）のコメンテーターとして活躍するジャーナリストの近藤貞夫さんは、現役の頃はＣＢＣの報道畑で記者・論説委員として活躍した。特に、国会を中心に総理大臣官邸担当記者として、佐藤、池田、田中、大平の各首相をはじめ、国政の中枢での取材経験も豊富。３回訪朝して、主席とも会見し、フリーになった後も朝鮮半島の取材を精力的に続けてきた。１９９１年、久野忠治さんとともに訪朝し、金日成主席と昼食をともにした。以下は久野訪朝団随行記者としての貴重な証言だ。

人徳ある政治家

私は昭和30年代の初めに国会担当の記者になった。当初、東京に赴任した頃は、久野さんが地元出身の代議士だったことは知らなかった。いろいろ走り回っていて、「久野さんという非常に立派な政治家がいるよ」という話を先輩から聞いて、事務所に出入りするようになった。駆け出しの記者だったので、久野さんと朝鮮との関わりについては何も知らなかったが、首相官邸のエライさんと話をするようになって、「彼は朝鮮に物凄い関心を持っているようだが、自民党の代議士なんだよな」という話がよく耳に入るようになった。

すでに大物政治家といわれていたので、私のような新人記者は近寄り難い存在だったが、地元の政治家ということもあり、次第に近い存在となっていった。自民党の議員でありながら、日朝議連会長として国交のない朝鮮に思い入れを持って、一生懸命いろんな活動をしていることも知った。「立派だな」と私は思っていたら、ある先輩記者は「立派じゃないよ。もっと考えたほうがいいよ、久野さんも」などと批判していた。

後に久野さんから聞いたが、自民党・佐藤派が分裂して、久野さんは田中派に移った。その頃、派閥の領袖・田中角栄さんから、「おまえ、そんなに北朝鮮に思い入れが深いなら自民党をやめて、社会党に行け」といわれたという。

そうこうするうちに、久野さんがかわいがってくれるようになった。「近藤君、朝鮮に行く機会があれば、1度連れていってあげようか」と誘われた。私も当時外国に取材に出たこともなかったので、「行けたらいいな」と思い、会社の方に申し入れをしたが、なかなか会社の許可を貰えなかった。

久野さんが初訪朝したときには、同行はできなかったが、「朝鮮はこういう国だ」、「金日成主席と直接お目にかかって、話ができた唯一の国会議員だ」という土産話を聞くことができた。久野さんの信念は、「地球は一つ、国が違って、国境はあっても、人間はみな同じだよ」ということ。だから、朝鮮や中国との関係改善に早くから取り組んでいた。かつて自民党には総務会という最も重要な会議があった。党の方針は、総務会で決まる。ここで決まって初めて、法律案になり、国会で審議されていくようになる。総務会で、決ま

久野訪朝団随行記者としての貴重な
体験談を語る近藤貞夫氏

らないと政治活動ができないほど権限が大きい。久野さんはその筆頭副会長をされた。つまり、調整役だ。意見が違う人たちを説得して、党の意志を決定づけていく。政治家を超えて、一人の人間として、人徳があった。私自身も怒られたことがない。いつもニコニコしておられた。

それから、毎年のように訪朝されたと思う。カメラマニアだった久野さんは、訪朝のたびに16ミリのフィルムをCBCに持ち込み、現像していた。その写真を見せてもらいながら、私も行ってみたいなとずっと思っていた。10年以上が過ぎた頃、久野さんが、「どうしても行きたいなら、私が社長に頼んであげるよ」といわれた。それで、やっと実現して、訪朝取材の機会を得たのが、91年9月のことだった。

「米国におじぎするな」

平壌空港でタラップを降りたとき、本当に驚いた。空港というのは、どこも煩雑でゴチャゴチャしていて、騒々しいという印象が強い。ところが、平壌は非常に静かで整然としている。「こんな所もあるんだ」という印象だった。

そして、また、驚いたのは、空港から都心に向かう沿道で、平壌の多くの市民から、車に向って「久野先生」「クノチュウ先生」と日本語で声が飛んできたことだ。それを聞いて、心底驚かされましたね、「この人は凄い政治家だな」と思った。

しかし、久野さんは、そんなことは微塵も出さず、「私についてきなさい」というだけだった。最初から私自身は、主席と会えるなど思いも寄らないことだった。

主席とお会いすることは、想定もしていなかった。（当時の取材メモをめくりながら）9月11日の朝、「招待所の出発は10時だ」といわれていた。その時点ではどこに行くかも知らされていなかった。それまでは久野さんと一緒に動いていたが、その日は、先生の車は全く影も形も見えない。「なんだろうな」と思ったら、素晴らしい建物の車寄せに車が着いた。「後で聞いたら主席の執務室がある錦繍山議事堂だとわかった」

車を降りて、玄関からロビーに入ると久野さんが先に着いていて、「今日は、主席に会えるよ」とおっしゃりながら「私は会えるけど、君たちも会えるかどうかは分からない」といって、中に消えていかれた。30分ほどしたら、また久野さんが現れて、「今、主席と会ったけど、これから昼食を一緒にたべようといわれたから一緒に行こう」と。それで、撮影の許可をもらって、写真も撮ることができた。

一つの円卓で和やかに1時間ほどの昼食会。当時の私のメモには「主席はよく飲み、よく食べ、よくしゃべる」と書いてある。主席は小さなグラスでお酒を飲まれた。そして、私たちにも盛んに勧めてくださって。人参酒で、アルコール度40度と書いてある。主席はそれをお替りされた。それがカラになるとボーイさんが注ぎに来る。すると、秘書官が「主席、お約束の6杯になりました。7杯はダメです」といいに来た。すると主席は「あ、そうか」といって、杯を置かれた。その代わりに私たちに勧めてくださった。

金日成主席と会見する久野忠治・自民党衆院議員（1977年1月27日）

また、当時の世界情勢と関連して、「ソ連や東欧の崩壊は、党と人民が離間したことに原因がある。党と人民が団結しているわが国は何の心配もない」、また、日本については「もう、米国におじぎする必要はない」とおっしゃっていたのが、印象的だった。

資質欠ける日本の政治家

主席は、本当に気さくな方だが、物凄く緊張した。一国の元首と同じテーブルを囲んで食事をする経験は、その時が初めて。一生に一度の貴重な体験だった。

池田首相や大平首相ともご飯を食べたり、酒を飲んだりしたこともあるが、日本の政治家にカリスマ性はない。日本の政治家にいま一番求められているのはそれだ。どんな政治家も小物で、枝葉末節なことばかりにこだわる。一国の主ともなれば、やはり、お酒の飲み方もゆったりして、話し方もソフトで、説得力がある。人間的にスケールが違う。日本の政治家は資質が欠けているといわれるが、その通りだと思う。

質問をあまりしてはいけないと事前にいわれていたが、記者なので、つい、聞いてしまった。「主席、いま、一番、楽しいことは何ですか」と。そしたら主席の答えは「孫と遊んでいるときが一番楽しい」と。こんなに悠揚と語る政治家を見たことがない。今も懐かく思い出される。その時に主席から頂いた大きな花瓶と一緒に映っている写真は私の宝物。ずうっと大切にしている。

（2012年3月7日付）

日朝の国交は二代にわたる悲願

政治家・宇都宮徳馬

宇都宮徳馬さんは、日本の良心と呼ばれた高潔な政治家であった。生前は真の民族主義者・保守政治家として行動し、平和共存外交に務めた。朝鮮の統一と朝・日国交正常化を心から願った。64年の初訪朝以来、金日成主席と6回会うなど、あつい親交があった。

宇都宮さんの生前に、なぜ朝鮮半島問題に深く関わるようになったか尋ねたことがあった。それは父親が植民地時代の朝鮮軍司令官だった宇都宮太郎大将（1861～1922年）であったことに深い縁がある。

「当時の日本が朝鮮の独立を奪ったことは今更に弁解の余地はない。日本軍が朝鮮の独立運動を弾圧し、太平洋戦争の際は朝鮮民族にも多大の犠牲を強いた。私の父は、3・1独立運動の際、朝鮮軍司令官であった。しかし、父のためにひと言いわせてもらえば、事件の犠牲者を少なくするため強硬派の反対を排して兵士に実弾の発射を禁止する命令を出すなど心肝を砕いたことも事実。そのことは、当時の独立党の人々も知っており、国際連盟

宇都宮徳馬（うつのみや　とくま　1906～2000年）。政治家、実業家。ミノファーゲン製薬創設者。参院議員（2期）、衆院議員（10期）。早くから日朝、日中の正常化に献身。私財を投じて月刊『軍縮問題資料』（80年～05年）を発刊、「核軍縮を求める二十二人委員会」（座長）を結成するなど平和と軍縮に広く取り組んだ。

にも記録がある。軍部にも大アジア主義を唱え、決して一枚岩ではなかった」

父は朝鮮軍司令官

父が亡くなった時、徳馬さんは15歳だった。記者にしみじみと当時の心境をこう語っていた。

「父は日本民族と朝鮮民族とが過去の歴史からいっても、当時の世界の情勢からいっても協力して互恵平等の関係を打ち立てることを熱望していた。自分の意思と違う対立に心労の末、胃がんで亡くなった。金応善氏という高宗の侍従武官長が号泣しながらそう話していた。また、後年、真崎甚三郎大将が陸軍省の軍事課長当時、省の意見を代表して独立運動の徹底弾圧を進言して、私の父に叱責されたという話も真崎氏自身から聞いた」

太郎氏死去の翌年が関東大震災。忌まわしい朝鮮人虐殺事件が起きた。この出来事が徳馬氏を政治に目覚めさせ朝鮮問題の関心へと向かわせたという。

「そのショックが影響して、私は陸軍幼年学校をやめた。私が政治家となって南北分断の不幸な状況に終止符を打ち、統一した朝鮮と日本とが仲良く心から助け合うことを願望するのも父の志を継いでいるといえるだろう。また、日本の軍司令官として、心ならずも朝鮮民衆の苦痛を止められなかった父の償いをしようという潜在意識があるのかも知れない」と吐露した。そして、当時のことをこう述懐した。

「私が初めて朝鮮に行ったのは小学校6年生だったが、弟と共に父の部屋に呼びつけられ、お前たちは朝鮮人を決してヨボと呼んではならぬと厳命された」

朝米中の橋渡し

1974年から亡くなるまでの26年間、秘書として徳馬さんを支えた樋口亮一さんは、戦前はもとより、戦後も続く日本政府の朝鮮半島に対する不見識な外交姿勢は、徳馬氏を悲憤の極みに駆り立てたと証言する。

「徳馬は日韓条約には時期尚早と真っ向から異を唱え、政府に意見書を出した。この条約は韓国を朝鮮半島の唯一の合法政権として、南北対立の一方に加担するものだ。日本の朝鮮外交の基本は朝鮮半島、全朝鮮民族を常に念頭に置いたものでなければならないと一貫して主張した。徳馬にとって、朝鮮同胞は一つであり、分断が長引くことで血縁が薄れ、問題も起きるとの不安を感じたからだった」

徳馬氏の思想と行動は常に一致していた。64年の夏に北京で周恩来首相との会談後に、自民党のアジア・アフリカ（A・A）研究会の田村元さんら3代議士とともに汽車で平壌入りした。その時、朝鮮戦争後の素晴らしい復興ぶりに驚いたという。「平壌の大同江の流れや岸辺の護岸、豊かな緑の中に立つ6～7階建てのアパート群、出窓にプリムスの植木鉢などを置いているところなどを見て、フランスのリヨンのような美しい街だと思った」と樋口さんにその印象を語ったという。

金日成主席とは、金大中事件（73年）の翌年の夏から6回会談した。南北統一問題の糸口を探り、軍縮、技術援助、日朝国交正常化など精力的に話し合いを重ね、意気投合した。初めて主席と会った時の印象について、「中曽根康弘氏がインドネシアのバンドンで開かれたA・A諸国会議の出席者の印象を語りながら、『金日成主席が悠揚迫らず、一番立派であった』と語っていたが、私もその通りの印象を受けた。論理は明快であるが、イデオロギーにとらわれず、率直で温かい人柄であると感じた」と周囲に語っていたという。

77年には、米国でライシャワー、コーエン氏らと当時の朝鮮情勢を話しあった足で、新潟から船に乗り元山に向かった。そこからは飛行機で主席が滞在していた山荘に招かれ1泊しながら、主席と10数時間も膝を交えて語り合ったという。この中で主席は日本から拉致され、軟禁状態にあった金大中さんの政治家としての資質を高く評価し、その境遇に怒りを示していたという。この時、主席の山荘に植えられていた大きな朝鮮松の苗木が贈られ、宇都宮邸の庭に移植されよく育ったという。

81年9月には主席と4度目の会見をした徳馬さん。「私は30年の議員歴があるが、国家の要職には1度もついたことがない。しかし、主席は国家元首であり、第三世界の指導的な英雄である」といったとき、主席は、「あなたは、私の友人であり、私の親友である」と呼び、「私はあなたを地位によって評価するのではない」と語ったという。

「私が父の遺志として堅持している朝鮮民族に対する互恵平等の精神、外国の都合による南北分断に対する怒り、そして、かつて朝鮮人をヨボと呼び、今は平然と見下すような日本人の低俗な驕りへの厳しい対応。それが私を友人と呼ぶ条件であるとすれば、それはまことに光栄であり、父の墓前に報告できることだ」としみじみと話していた。

樋口さんは、徳馬さんが亡くなるまで、アジアと朝鮮半島の平和を確実にするために米朝中の橋渡しを精力的に行ったと述べ、「400万人の犠牲を出した朝鮮戦争の傷は、朝鮮民族にとって半世紀以上たっても癒えない。朝鮮特需で沸いた日本経済はなおさら徳馬の心に重くのしかかった」と指摘する。そして、「日朝両国には半世紀を越えて不規則でゆがんだ関係が存在する。この関係がもたらすあれこれの問題に心を奪われ、ややもすると根本の解決を忘れる日朝間のトラブルは、国交の回復、正常化によって解決しうるものである。そのような日本政府の姿勢なくしてはほとんど解決不可能である」――という徳馬さんの政治家としての信念を心に刻む。民間交流を活発化し、お互いに理解しあえる日が早く来ることを祈らない日はない。主席と徳馬さんが出会い、親交を結んだ歴史の地、平壌を機会があれば訪ねたいと語った。

（2012年4月4日）

6

助けたり、助けられたり、ほんとうの友だちとして

映画を通じて、日朝の懸け橋に

映画監督・山田洋次

山田洋次監督の「男はつらいよ」シリーズが希有の役者、渥美清さんの死で幕を下ろしてすでに20余年。27年の間に48本。動員観客数は約８０００万人。世界の映画史でも空前絶後だ。朝鮮でもテレビ放映された。

「どうぞ、幸せになってください」

記者が渥美さんの取材をしたのは松竹・大船撮影所での「男はつらいよ」（44作目、91年公開）の本番の最中だった。張り詰めた緊張感が漂い、あたりはピリピリしていた。そこにお邪魔したのだが、渥美さんは、あの細い温かな目で「どうぞどうぞ、何でも聞いてください」と声をかけてくれた。

その心地好さに誘われて４～５時間程ご一緒させて頂いた。このシリーズの成功の秘訣を聞くと、山田監督との出会いを真っ先にあげた。「持続は力なりというのは、この人の

山田洋次（やまだ　ようじ　1931～）。大阪府生まれ。映画監督、脚本家、演出家。幼少期を旧満州（中国東北部）で過ごす。13歳のとき大連で敗戦を迎える。61年、監督デビュー。主な作品に「男はつらいよ」「家族」「幸福の黄色いハンカチ」（学校」など多数。

ことでしょうね。鬼面、目くらましで撮る人が多い中で、黙々と、一つの作品を作り続けるのは大変なこと。身を持って教えられました。尊敬しています」と語った。深い人生観が秘められた言葉だと思った。

金日成主席が大の寅さんのファンだと知ると、「役者としてとても有り難いですね。そうやって熱心に見て下さるのは。もし、自然に、うまく、いい機会があれば、朝鮮に行ってみたい」とうれしそうだった。気ままな旅暮らしの寅さん。「ひょっこり朝鮮に現れるかも知れません。そんな楽しい出会いができれば、嬉しいですね」と。残念ながらその後、渥美さんは惜別され、訪朝の機会はなくなった。

朝鮮半島の分断にも心を痛めていた渥美さん。「朝鮮民族は賢い人たちだから、何が大切かということをよく知っている。昔からあったその力と情熱がやがて実を結ぶでしょう。どうぞみなさん、幸せになってください」と、別れのあいさつでかけてくださった言葉を今でも懐かしく思い出す。

それから、9年後、思いがけない機会が訪れた。山田監督が平壌国際映画祭（2000年9月）に招かれたのだ。『十五才――学校Ⅳ――』（日本公開は同年11月11日）や「男はつらいよ」シリーズなどの6作品が特別上映された。そのとき、監督に平壌での交流の話をうかがった。

「『十五才――学校Ⅳ――』は、平壌市内の劇場（800席）で上映され、客席は配給制の切符を手にした市民で満員になり、会場外にも人があふれていました。いっぱいの観客が劇場を取り囲み、私の学生時代のような懐かしい雰囲気で、うれしくなりました。字幕ではなく、男女の俳優2人がその場で吹き替えをしていました。何しろすべての登場人物を2人でやるんですから大変です。吹き替えの声が大き過ぎて、せっかくの言葉やセリフが聞こえないなど技術的な難点について助言したところ、スタッフみんなで明方の3時頃まで議論したと聞きました。日本の自動のものと違って、朝鮮のは60年代の映写機で、そばに一人がつきます。スクリーンから人間の息づかいを感じとることができるのです。私も久しぶりに映写室に入り、音量調整をしながら、観客と共に映画を楽しむことができて幸せでした」

山田監督は1週間の滞在中、多くの映画関係者らと懇談した。「金正日総書記から日頃、山田監督の映画から大いに学びなさいとハッパをかけられています」と打ち明けられたとも。

世界中のファンを泣かせ、笑わせてきた寅さん。「撮影が始まると、大阪のオモニたちからいつも差し入れのキムチがどっさり届きます。豚肉入りのキムチ鍋を楽しみにしていました」と話した監督。平壌での観客の反応も米国やフランスと変わりがなかった。「だいたい笑うところは日本も同じです。しいて言えば平壌の人々はシャイで控え目というところですか……」

寅さんシリーズを作る一方で『幸福の黄色いハンカチ』『息子』などの代表作を次々に発表してきた山田監督。『学校』(全4部)の製作も夢と希望を失った感のある現代の若者たちへの応援歌となった。「学ぶということは、本当はどんなに楽しいことか。教えるということが、先生にとってもどれほど喜びであるかをこの映画で描きたかった」と語る。『学校』は下町の夜間中学が舞台。先生と生徒の心のふれあいを描く。そこには在日のオモニや登校拒否の少女、家庭の事情で通えなかった中年男性がいる。「朝鮮人もいれば、中国人も、ベトナム人もいる。その意味では国際色豊かな映画でしょうね」映画は、そんな生徒たちを見守る教師を通して、教育に鋭く切り込む。「今の日本は、教育を含めて人間が幸せになれたかというと、決してそうではない。学校は地獄のような競争社会の中で、窒息しそうな子どもたちをたくさん生み出している。なぜ、こんな風になってしまったのか、どうすればいいか、もう1度考え直してみたいと思いました」

企画が生まれたのは、80年代の終わり。その頃夜間中学の取材で大阪の猪飼野によく通った。「そこには働き者で、勉強熱心な朝鮮のオモニたちがいっぱいいて、すっかり仲良くなった。さまざまなハンディを背負いながらも、他人への思いやりと優しさに溢れた人たちでした。昔、東京の下町にあったような温かいコミュニティーでした。映画では人間の持つそんな優しさが描ければと思いました」

「男はつらいよ」を演じた渥美清さん

健気に生きる人々を応援したい

平壌で上映されたのは『学校Ⅳ』。当時、山田監督は市内の牡丹峰第一高等中学校を訪れ、教室で生徒たちと映画談義をしたり、市民らとフランクな会話を重ねた。

「映画の話をしても、大人も子どもも実に的確にまとめて話してくれる。ある人は子育てというのは難しいといいながら、教育をめぐる環境はお互いに異なっていても、学校だけに任せるのではなく、家庭と地域が連携して子どもを育てていかねばならないという共通の認識を持っていました」

「私が平壌で1番驚いたことは、さまざまな人たちがここ数年の大水害による食糧危機について、朝鮮戦争の頃よりも辛かったと率直に語ったことです。それを苦難の行軍の時代を生き抜いてきたと表現していたが、行ってみて、本当に大変だったろうと実感しました。今は状況が改善され、希望が沸いてきたと聞き、ホッとする思いです」

映画は世界の共通の言語。監督は今後の日朝交流についても希望を語ってくれた。

「現状では余りにもハード面で朝鮮の映画は遅れ過ぎていると思いました。しかし、70年代に中国に行ったときも同じような印象を持ちました。その後、中国映画はすばらしい監督の出現もあり、世界的な力をつけています。朝鮮の映画がそうなるのも遠い未来のことではないでしょう。条件を煮詰めれば、（朝鮮との）合作映画を作ることも不可能なことではない。技術的な援助も含めて、今まで築いてきた遺産を伝えたいと思います。そして、外国映画を初々しく観てくれる観客たちのためにも、何とか上映の状況を改善できないかと考えています」

旧満州からの引揚げ体験を持ち、映画を通じて人々の暮らしを見つめ続けてきた山田監督。「映画を通じて、お互いの文化をよく知り、両国の懸け橋になることはすばらしいこと」だと語り、「希望を抱いて健気に生きる人々をそういう方法で応援できればと思います」と温かなまなざしで語った。

（2018年2月7日付）

助けたり、助けられたり。それが人間の基本

農民運動家・高橋良蔵

農民運動家の高橋良蔵さんが2013年7月30日、死去した。「生産者の立場を離れたら終わりです」の言葉通り、ひたすら、農民として生きた。戦前からの農民運動のリーダーとして献身的に農業を守り、その再生を訴える氏の活動に、深い共感と感銘を受けた人も多い。

田んぼ3ヘクタール、乳牛約20頭の専業農家。稲作と畜産を複合した水田酪農を実践するかたわら、高度経済成長期に多発した出稼ぎ労働者の事故や賃金不払いなどを受けて、首都圏や関西、名古屋の企業に掛け合って、出稼ぎ労働者の労働条件改善に尽力した。

「日本の農業を守ろうと頑固一徹だったが、優しい父でした。5月、米寿を家族でお祝いしたあと、9月の孫の結婚式に出席するのを誰よりも楽しみにしていた」が、眠るように息をひきとったと長男、則雄さん（61歳）の妻、幸子さんが（56歳）が語った。秋田有数の米どころ、羽後町の田んぼは実りの秋を迎え、黄金色に輝いていた。

高橋良蔵（たかはし　りょうぞう　1925～2013年）。秋田県生まれ。戦前からの農民運動のリーダー。酪農家。町議、県出稼組合書記長を長く務め、農業の傍ら『百姓宣言』などの著書も数多く持つ。

1925年、秋田県の南部・雄勝郡羽後町貝沢で生まれ、育った。美しい景観とおいしい水に恵まれた米どころ。東に奥羽山脈が連なり、西空には美しい鳥海山が眺望できる。ここは、明治の時代から多くの篤農家を生んだ土地としても名高い。実直な人柄を慕って、葬儀には県内外の仲間が集った。

天災と経済封鎖

99年の訪朝のとき、朝鮮半島北部を襲った95年の、100年に1度といわれた大水害の被害の爪あとを直接見た。高橋さんは「集中豪雨による河川の氾濫でダム、発電所、河川、用水路などが甚大な被害にあった。さらに、高潮なども重なって田畑の作物の被害は相当なものとなった」と述べながら、それ以上に衝撃的だったのが、朝鮮への経済制裁の実相であった。「自然災害以上にこの国の農業を苦しめていると私たちが見たのは、社会主義の崩壊と西側の経済封鎖によって、肥料、農薬、石油などが入らなくなったことだ。そのためにトラクターも田植機も動かなくなって、食糧生産がより困難となり、米、トウモロコシも、かつての半減どころか、村によっては3分の1に減収しているところもあった。天災と経済封鎖の悪循環によって、2500万人以上の人口を抱える朝鮮が飢餓を生む食糧危機に苦しむようになったと見た」と現場をつぶさに見た経験から指摘した。

しかし、そうした苦難を強いられながらも、朝鮮の人々が決して大国の圧力に屈せず、明るく生きていることに胸を打たれたという。

「人間が生きていく上で、最も大切な食糧を生み出す農業。農民たちの置かれた状況は違っても『米をつくりたい』という情熱に国境はない。協同農場のどこを歩いても、『険しい道を笑いながら乗り越えよう』を合言葉に、黙々と働いている農民の姿に清々しさを覚えた。幼い学童たちが参加して、10キロもの長い道路の両側に延々とコスモスを植え、色とりどりの美しい花を咲かせていた。訪問した学校の子どもたちも十分な食料がない状態なのに、秩序を乱すことなく、明日に向かって生きており、表情は明るかった。その必死に闘っている姿に、朝鮮民族の英知と逞しさを感じた」と明るい口調で語っていた。

だからこそ、訪朝後は朝鮮支援のために東奔西走した。自ら筆を執り、救援米や医薬品を朝鮮に送るよう訴える緊急アピールを出した。それに賛同した農村の仲間たちから救援物資が続々と集まり、毎年、朝鮮に届けた。戦後の日本農業の激変の荒波をくぐりぬけた体験が、朝鮮農業への「応援」に駆り立てたのだろう。各地の仲間たちと力を合わせて、朝鮮から農業技術者たちを招聘し、秋田、岩手、新潟の米どころや各県の農地試験場のバイオテクノロジーの最前線を案内したりもした。その後も、さまざまな穀物の種や果物の苗木、そして山羊まで贈った。

「戦争、災害……。次々と襲ってくる災難の克服のために、国をあげて必死になってがんばっている姿を見ると、応援しなければ」。高橋さんは国境や体制を越えて、同じ農民の目線で、朝鮮農業の再建と発展をわがことのように考え、支援しようとしていた。「減反政策によって追い詰められていく日本の農民の立場からすると、自主、自立の精神で農業再興をしようと懸命にがんばる朝鮮は本当にうらやましい」と高橋さんは当時、胸のうちを明かしてくれた。それは、都市の繁栄の踏み台にされて崩壊の危機にあえぐ日本の農村、農民の立場を吐露するものだった。

嫌がらせに屈せず

拉致報道以降、日本に吹き荒れる朝鮮バッシングは止まるところを知らない。「拉致事件の解決が先決で、それまでは食糧支援をすべきではない」などの主張が日本を覆った。その声は、東北の農村にまで浸透しつつあると嘆き、記者に電話がかかってきた。訪朝のたびに、公安が訪ねてくる。そんな執ような嫌がらせにも怯まなかった。

高橋さんは「この事件を利用して、日本が戦前のような軍事大国化の道へ突き進もうとすることに警戒心をもつべきだ」と語ってやまなかった。その後の日本の政治状況は高橋さんが憂慮したように、北の脅威を口実にしながら、右傾化、保守化、軍事化し、今では集団的自衛権行使の容認も里程標にのぼる戦争前夜の時代を迎えつつある。

「助けたり、助けられたりする。それが人が生きていくうえでの基本だ。まして、朝鮮に対する侵略戦争の責任と償いをいまだに果たしていない日本が、いますべきことは、隣国の人々に温かい手をさしのべることだ。とはいえ、民間のできるこ

米寿を前に双子の曾孫を抱く高橋さん。

とには限界がある。それでは追いつかない。一日も早く、日朝国交正常化を実現して、政府もしっかりした本格的な支援体制を取るべきだ。それが、まず日本がやるべき道だと思う」

東北人らしい純朴さ、反骨心は最後まで衰えを見せなかった。一度信じたら最後まで信ずる心を、そんな高橋さんから学んだ。正月前は、手作りのお餅や米、いなごの佃煮までわが家に届けてくださった。そして、折り込みチラシなどを利用した手紙に農業にかける思いを切々と綴っておられた。

今でも忘れられないのは、２０００年６・15南北首脳会談の直後、高橋さんから送られた毛筆の手紙だ。

「おめでとうございます。あまりの喜びで涙を押さえきれません。今、人参酒で乾杯しています」と書かれていた。そして、「南北朝鮮のような和解と平和の時代を、日朝間につくり出さねば」と瑞々しい気迫あふれる言葉が添えられていた。

葬儀から約２カ月後の９月22日、ご自宅の仏壇にお参りしながら、高橋さんと出会えたことに、心から感謝を捧げた。

（２０１３年10月２日付）

リーダーがまともかどうかは、朝鮮学校への態度で分かる

詩人・辻井　喬

2016年8月、『辻井喬論』を刊行した詩人・中村不二夫さんは、3年前に死去した詩人辻井喬さんについて、「詩界のみならず、文壇、経済界を柔軟な思考で自在に横断する知の巨人」と評した。詩人辻井喬は実業家堤清二のペンネームであり、セゾングループという大企業を率いた財界人、パルコや美術館を作り、日本のビジネス界では類稀な文化性を備えたユニークな経営者として、国際的にその名声を轟かせていた人でもあった。

詩人・小説家としての辻井さんの足跡、その思想を知るうえで欠かせないのが、「素朴なものを信じて／美しく生きた人の話が聞きたい／」で始まる詩集『不確かな朝』（1955年）。その中に「天津水蜜」という作品がある。

目黒の坂を机にして
桃をたべる朝鮮の婆様

辻井喬（つじい　たかし　1927～2013年）。東京都生まれ。本名は堤 清二。小説家、詩人。日本芸術院会員、財団法人セゾン文化財団理事長、社団法人日本文藝家協会副理事長、社団法人日本ペンクラブ理事、西武流通グループ代表、セゾングループ代表などを歴任した。詩集『群青、わが黙示』で高見順賞、『虹の岬』で谷崎潤一郎賞、『父の肖像』で野間文芸賞を受賞。

束ねた髪は潮騒のように
頬の筋肉は褐色の筏だ
馬車が通る
自動車が通る
彼女のチマはひるがえり
太陽は秤の分銅にとまつている
桃は胃袋にしみわたる
天津水蜜は酸く固く
郷愁のような甘さがある
坂の下は貧民街
埃の中に過去がならび
瞳は朝鮮ダリヤの黄に溢れる

中村不二夫さんは、「天津水蜜」について、「これは辻井が革命活動に東奔西走していたときに出会った日常的な光景で……、辻井の詩を貫くマイノリティへの視座は、ある種の観念を乗り越え、きわめて身体化されたものであることが分かる」と指摘している。この詩には朝鮮のハルモニへの共感が瑞々しい感性と色彩豊かな躍動感によって表現されている。

記者が初めて辻井さんとお会いしたのは、２０１１年3月に起きた東日本大震災から2カ月後であった。

詩「オモニよ」を発表

辻井さんはその前年、詩人河津聖恵さんとの出会いを通して知った、「高校無償化」制度から朝鮮高級学校生徒を除外している問題に憤り、詩「オモニよ」を発表。「オモニよ／わたしは空を取り戻そうと思う／ハッキョへの坂の上の雲が／自由に海峡を渡っていけるように」と高らかにうたわれている。

辻井さんはこう語った。

「河津さんに『高校無償化』問題についての詩人の集いがあると聞いて参加した際、朝鮮学校の生徒が除外されると知って、びっくりした。そして、この問題についての文科省の対応をたどると、『何とか反対したい』というだけで、その根拠は何もない。そのつど朝鮮民主主義人民共和国がどう動いたかとか、朝鮮と韓国の関係を口実にしている。それは日本から見ると朝鮮半島に住む同じ民族同士の問題であって、そのことと日本に長く住んでいる在日朝鮮人の子どもたちの教育問題をなぜ、結びつけるのか。彼らが日本の子どもたちと同じ扱いを受けるのは当然のことである。それを今になって差別するのは、まことに憤慨にたえない。

朝鮮学校の無償化除外に反対して、多くの詩人とともに自作の詩を披露する。(2010年12月12日、東京都内で)

できれば外国に知られたくない、日本の恥である。在日への差別意識はそれだけにとどまらない。日本人が日本に住んでいる他の国の人たちをどう認識し、接しているのかという、一番わかりやすい例でもある。日本のメディアや権力がいかにレベルが低いか、日本で国際的に通用しない考え方がまかり通っていることの証明になっている。

大部分の日本人は、いまの文科大臣のような考え方はしていないはず。政府だけが、いまだにこんなことをする。

むしろ日本の36年間にわたる過酷な植民地政策について、今生きている日本人および日本国がおわびをして、過去の過ちを真摯に償っていかなければならないのに、逆に差別するというのは見当違いも甚だしい。政治家なり、社会のリーダーがまともな人かどうかということを判定するうえで、朝鮮学校への態度を知ることが一番はっきりすると思う」

さらに辻井さんは、日本の植民地政策について、朝鮮語を禁じたり、創氏改名を押し付けたりしたことを例にあげながら、「それにしても母国語を禁じるというそんな野蛮な、そんなあくどい例は世界に例を見ない」と怒りを露にしていた。

そして、記者が東日本震災の直後、被災地の宮城はじめ、大阪、埼玉の各県などが朝鮮学校への補助金を打ち切ったという事実を伝えると温和な表情を一転させた。

スケール大きい「孤高の詩人」

「橋下・大阪知事（当時）は口がうまいだけで、どうも信用できない。朝鮮民主主義人民共和国政府の取っている政策や方針が気にくわないからといって、国や自治体が『無償化』から除外したり、補助金を打ち切るなどということは許されない。これは外交問題でもないし、イデオロギー問題でもない。朝鮮の子どもたちが、親から受け継いだ母国語で、民族教育を受ける権利は保障されなければならない。それは、基本的人権の問題である。朝鮮が気にくわないからといってそれを口実にして、基本的人権を侵し、差別を助長するというのは、根本的な間違いである。在日の問題は、その人の持つ歴史認識や人権意識がよくわかる。

子どもの頃、私は父親が箱根や熱海の観光地開発をやっていたので、その土木作業に連れてこられた朝鮮半島の人々と触れ合う機会が多かった。子どもだった私は、彼らの飯場に遊びに行って、キムチをご馳走になったりした。

その頃の日本は朝鮮人だけでなく、中国人にも差別意識がものすごかった。とにかく恥ずかしい日本の姿であった。小学生の頃の体験だが、通っていた小学校は東京・国立の一橋大学の隣にあった。中国から大勢の留学生が来ていた。子どもたちが何も知らないから、大人の影響を受けて、一般的な侮蔑の言葉として『チャンコロ』と中国人のことを呼んでいた。あるとき、私のクラスメイトがその中国人留学生に向かって、「ヤーイ、チャンコロ」といった。それで、いわれた留学生は怒って、私の級友を投げ飛ばした。私はびっくりしたが、同級生に『きみが悪い』といった。『それは恥ずかしいことなんだぞ』とその同級生は仲間の僕にいわれたので、泣き出してしまった。

当時の国粋主義教育の本質がそこに表れていたと思う。人間としての本質的なことを忘れ、教育によって、アジア各国の人々への偏見を植えつけた。今回の『無償化』除外の問題も、同じである。そういう意味でも日本のためにならない。国際社会で生きていく日本として、この問題は早晩解決すべきであろう」

西武王国を築いた辣腕《らつわん》の実業家であった父の下で、「妾の子」という罵声を浴びせられるなど屈折した幼少期を過ごした辻井さんは、差別を徹底して憎んだ。かつて、「クレディセゾン」の前身にあたる月賦会社・緑屋の横須賀店で在日のお客さんにカードを出さないという問題が起きた。この報告が辻井さんに上がったのはずいぶん経ってからだった。報告を受けるなり、暑さ2センチのテーブルガラスが割れてしまうほどの力で叩き、激怒したという。これについては『セゾンの歴史』（下巻）に書かれている。「差別というものに、私は無性に腹が立つのです。人間の値打に関係ないものが、大手を振るなんて許せませんよ」「失敗の経験を会社の歴史に残すことは、逆に創業の精神を伝えることにもなります」

「孤高の詩人」として高潔な生を全うした辻井さんは、誰よりも人の心の痛みに敏感なスケールの大きい知識人であった。

（2016年10月5日付）

近い国だから仲良く、話し合ったら分かるはず

作家・渡辺淳一

文壇きってのベストセラー作家といわれた作家の渡辺淳一さんとお会いしたのは、拉致問題が浮上した2002年秋のことだった。

恋愛小説を手がけ、多くのファンをひきつけた渡辺さん。時流に流されず、偏見に囚われない、大らかな人柄が魅力的な方だった。日朝関係についても歴史的視座を忘れぬ見識を持ち、社会的な発言を繰り返していた。とりわけ印象的だったのは、2002年の日朝首脳会談後、長期連載中の「週刊現代」のコラム「風のように」(「週刊現代」10月12日号)で拉致問題を取り上げたことだ。

拉致問題一色に疑問

「このところ、新聞、テレビなど、マスコミは拉致問題一色。肝心の国交正常化交渉などは、いささか色褪せ、遠くに追いやられた感じである」との書き出しで始まる一文は、

渡辺淳一（わたなべ　じゅんいち　1933～2014年）。北海道生まれ。作家。医学博士。1970年『光と影』で直木賞受賞。80年『遠き落日』『長崎ロシア遊女館』で吉川英治文学賞受賞。『失楽園』『鈍感力』など多数。

「この、日本だけ異様に怒り、まわりの国々は淡々と、むしろ他人ごとのように冷ややかに見ている理由はなになのか」と疑問を投げかけた。そして、渡辺氏はかつて北海道の砂川で過ごした少年時代（小学1、2年生）を振り返り、戦時中の朝鮮人強制連行の悲惨な目撃談を生々しくつづったのである。

雑誌掲載の後、渡辺さんを東京・渋谷の仕事部屋に訪ね、このエッセーへの反響をうかがうと、こう語られた。「一般の読者すらはもちろん、ジャーナリスト、編集者の中にも共感してくれる人がいた。『冷静で勇気ある発言』だとか、『よく書いた、とても参考になりました』という手紙や電話をもらい、（私が書いたように考えている）人は結構いるのだと思いました」

戦後57年経って、日本ではかつての侵略の事実さえ知らない人が増えた。渡辺さんがこの一文を書いた理由である。「60歳くらいまでの政治家にしても財界人にしても、意外にその歴史を知らない。私が実感として知っている日本の加害の事実を伝えて、もう一度じっくり日本人に考えてほしかった」

「英仏もかつて多くの国々を植民地にして搾取した。しかし、日本の場合は、朝鮮民族に対し、同化政策を強いて、文化を壊し、固有の言葉や姓まで奪った。その点が恨みを増幅したと思う。単純搾取ではなかった」

当然のことながら、加害者は自分のしたことを忘れ、被害者は永遠に虐げられたことを忘れない。渡辺さんはそうした過酷な侵略の事実を風化させてはならないという強い思いを抱いてペンを執ったのである。

歴史認識欠落に警鐘

「確かに拉致問題は重要だ。『むごい』ことである。しかし、日本のメディアの議論の中に、過去に日本が何をしたかという歴史認識がすっぽり抜け落ちていることに危惧の念を持っている」と渡辺さんは顔を曇らせた。そのためにも日本の植民地支配下、朝鮮半島から強制連行された人たちのことを決して忘れてはいけないと語る。

当時、日本に無理やり連行され、牛馬以下の扱いを受け、酷使された朝鮮人たち。栄養失調や事故、時にはリンチでバタバタ倒れ、闇から闇に葬りさられた人々。渡辺氏は砂川で見たその残酷な事実をこう描写する。

「彼等は一様に、真冬でもボロボロの服を着て、痩せて目だけ光っていた。そんな虜囚のような群れが坑道に送り込まれるのを見た」「飯場に近づき、朝鮮人が半死半生のリンチにあっているのを目撃した」

渡辺氏によると、北海道の近代化は下層労働者への迫害やタコ部屋における囚人労働など、弱い立場の人々を犠牲にして築かれたもの。そのうえで太平洋戦争に突入する狂気の時代の中で「朝鮮半島から200万とも400万ともいわれる朝鮮人が日本全土に強制的に連行されてきたのです」

渡辺さんの祖母や親戚は歌志内や砂川で醤油や味噌、煙草などを売る雑貨店や新聞店を開いていた。そこで、あるとき、飯場から逃げ出してきた朝鮮人労働者を見たことがある。幼い日、渡辺さんは、叔父や叔母が逃亡してきた朝鮮人におにぎりや餅を上げているのを見たと言う。「逃げて来た男が、『アイゴー、アイゴー』といいながら、手を合わせていた姿が目に焼きついています」と遠い記憶を手繰り寄せた。

「だが、こうしたことは日本人のほとんどの記憶から消えて、今では教科書で教わることもない。さらに今、マスコミの第一線にいる者から、政治家、官僚から小泉首相まで、そういう事実があったことを、実感として知らないのです」と嘆いていた。

せっかく再開した日朝交渉が拉致問題一色に塗りつぶされ、膠着状態に陥っているのは残念でならないと語った渡辺さん。

「小泉首相が正常化交渉に踏み出したのは正しい。世界にはその国の歴史に応じたさまざまな形がある。イスラムもあれば仏教もあり、文化も多様化の時代です。その中で隣国に対し一斉に批判するだけでいいのか。一つの方向だけではなく、さまざまな意見を出し合い、認めあって、その中でいい形で解決をはかっていくべきです」

むき出しの差別感情と自民族中心主義が蔓延し、いつの間にか戦争の足音が近づきつつある日本社会。

「近い国だから仲良くしないと、本当に話し合ったら分かるはずです」と語った柔和な笑顔が目に焼きついている。

（2014年5月19日付）

安倍政権による「歴史認識のクーデター」

作家・辺見　庸

作家の辺見庸さんが脳出血で倒れたのは2004年3月14日だった。それから10年後の同年同日の午後、辺見さんから電話をもらった。朝鮮新報のインタビューを受けると。辺見さんは壮絶な闘病を経て復帰したが、日本の風景は一変した。「いまは、正直、夢をみているような気分です。戦前か戦中ではないでしょうか。憲法も風前の灯になりました。事実上、解釈憲法で何でもできるという状態です」。

辺見さんは、73歳。敗戦の前年の生まれ。病床から復帰して以来、大車輪で書き続けた。しかし、橋下徹大阪市長の「慰安婦」発言、在日コリアンへのヘイトスピーチ、菅官房長官の「安重根テロリスト発言」……と歴史観のゆがみと無知が横行し、戦争ができる国へとひたすら突き進む日本。こんな社会を変えるにはどうしたらよいのだろうか。「歴史に学ぶ、他者に敬意を持つ、自己と隣人の関係とその歴史を知るということではないでしょうか」と力を込めた。そして、その一つの重要なテキストとして琴秉洞さんの『日本人の

辺見　庸（へんみ　よう　1944～）。宮城県石巻市生まれ。70年、共同通信入社。北京特派員、ハノイ支局長、外信部次長、編集委員などを務める。78年、中国報道で新聞協会賞。91年『自動起床装置』で芥川賞、94年『もの食う人びと』で講談社ノンフィクション賞。96年退社。2011年、詩文集『生首』で中原中也賞、12年、詩集『眼の海』で高見順賞などを受賞。16年城山三郎賞『完全版　1★9★3★7（イクミナ）』

朝鮮観――その光と影』（明石書店）をあげた。辺見さんは「ここから学ぶべきことは多い。そこを若い人たちは学ばないと損です。在日の若い人たちも読んでほしい。日本の朝鮮半島への視線にはどういう屈折と倒錯があったのか、まず気づくところから始めなければならない」と呼びかけた。以下、その時のインタビューだ。

官民あげての「自国中心主義」

日本には右翼的流れがこれまでもずっとありました。でも、それは少数の跳ね上がりと見られていた。いまは、ネット社会とあいまって、「右」は少数派ではなく主流になりました。しかし、日本の政治家の思想の「信」や「芯」はどこにあるのかと思う。靖国が、個人の奥深いところの大事なものであるならば、中国や韓国、米国がどういおうと、行けばいい。ところが、米国にいわれると行かない。「右」は主流ですが、内実は雑駁《ざっぱく》で、いかようにも形を変えます。

植民地支配と侵略の責任を認めた村山談話の継承を否定してみたり、「慰安婦」問題に関する河野談話にしても、見直し、検証するといったり、継承すると語ってみたり、本音と対外的ポーズがしばしば矛盾する。しかし、誰もが安倍政権の真意を知っています。それはかつてない「歴史の転覆」です。

いまは、正直、夢をみているような気分です。私が病気で倒れてちょうど10年たちますが、10年前には、「嫌中憎韓」とまでいわれる現象は表面にはなかった。在日コリアンに対する差別は間違いなくありましたが、今ほど表面化してはいませんでした。それがどうでしょう。差別、偏見にくわえて、いまは排斥の声さえある。私は平和憲法と一緒に育ってきました。なので、69年間、この社会はいったい何をやってきたのかという慚愧の念が強い。こんなことのために、私たちは、いろんな発言をしてきたんじゃない。この国が敗戦を機に反省したとされてきたことがさっぱり実行されずに逆に歴史が覆されてしまっている。「慰安婦」問題、強制連行、南京大虐殺、あるいは、日本が朝鮮で何をやったのかを忘れ、いわば「歴史認識におけるクーデター」が起きてしまった。大変なことです。驚かないほうがおかしい。私は一個人としてこれに強く反対しています。反対するにはそれなりの覚悟が要ることもよく知っています。いまは、道義の底が抜けて、道理のタガが外れています。もともと、自民族中心（優越）主義（エスノセントリズム）はどの国にもありますが、昨今の日本の場合、その傾向がとりわけ強く、しかも官民あげて起きている。

歴史に学ぶ

いま、最も大切なのは、歴史に学ぶ、他者に敬意をもつ、自己と隣人の関係とその歴史を知るということではないでしょうか。一つの重要な参考書が琴秉洞さんの『日本人の朝鮮観——その光と影』です。高崎宗司さんの『植民地朝鮮の日本人』（岩波新書）などもとても参考になります。これらをテキストの一つにすべきだと思います。もちろん、これらは概論であり、これを切り口にして、各々が歴史の暗部を調べていけばいい。日本の朝鮮差別は、植民地主義の歴史のなかでも独自の珍しい例ではないでしょうか。

暗く根深い無意識や情念を感じます。そのわけを解明する上で、『日本人の朝鮮観』で第一に取り上げている「神功皇后伝説」は注目に値します。神功皇后は江戸期から実在の人物かどうか議論があったのですが、明治から太平洋戦争敗戦までは日本の学校教育で実在の人物として教えたのです。そこに、いわゆる「征韓論」や朝鮮差別の祖型、原型を見ないわけにはいきません。『日本人の朝鮮観』は、副題に「その光と影」とありますが、影の方が圧倒的に厖大で、光はたったの数人しかいない。知っていたとはいえ、そのことが改めてショックでした。全59の言説を通じ、近代以前から続いてきた朝鮮蔑視の古層とその根深さに唖然とします。ここから学ぶべきことは多い。そこを若い人たちが学ばないと損です。在日の若い人たちも読んでほしい。日本の朝鮮半島への視線にはどういう屈折と倒錯があったのか、まず気づくところから始めなければならない。

かつて、私立中学、高校の先生のなかには、教科書ではなく、自分で資料を作り、教えた先生もいました。豊臣秀吉の朝鮮出兵にはどんな目的があり、なにが行われたか、「耳塚」とはどんなものなのか、大久保利通、福沢諭吉、三浦梧楼らはなにを公言し、なにをしたのか……今は教える先生もごく少なく、その知識も消えつつある。かつては、安重根についても、「伊藤博文を暗殺したテロリスト」という単純で短絡的なものではなく、歴史的な背景を分析し、重層的な見方がある程度はできていたものです。いまは1909年の事件がどんな背景のもとで起きたかも論じられない。「南京大虐殺」「慰安婦」「強制連行」についても、まるで歴史的事実そのものがなかったかのようなものいいをしたりする。これでは無知の奨励です。憎悪と敵対は主として無知により煽られてゆくものです。換言すれば、友情は自他の現状と歴史を客観的に見つめなおすことから生まれ深まります。アジア諸国だけでなく、米国、欧州からも、日本がいま疑いと警戒の目で見られているのはなぜか、もっと考えなければなりません。

天皇制ファシズムの再来のような

現状はほんとうに危険といわざるをえません。まるでネオナチのような傾向、天皇制ファシズムの再来のような、怪しい気流も流れはじめています。安倍政権は、第2次大戦後の政治的枠組みから抜け出して、歴史的な諸事実を覆しはじめています。憲法9条改悪の動き、集団的自衛権行使をめぐる一方的な解釈改憲、自衛隊法改定、秘密保護法成立、非核三原則の揺らぎ、武器輸出三原則に代わる防衛装備移転三原則の閣議決定……などなど枚挙にいとまがありませんが、全体として国家主義的流れのなかで戦後秩序の解体と富国強兵策推進が目指されていることは明らかです。日本はかつて「エコノミック・アニマル」と揶揄されましたが、いまや、もっと怖い「アニマル」になるのではないかと、世界各国から危惧の念を持たれつつあります。それはオーバーかといえば、あながちそうでもない。これは私個人の見方ですが、世界は新しい列強による群雄割拠の時代に入っているようです。米ロ二極による旧来のパワーバランスが崩れ、中国をふくむ新興列強が各地で覇を競い争う、予測不能の争乱の時代を迎えている。日本はおそらくそれら列強の仲間入りをしたいのではないでしょうか。安倍首相のいう「積極的平和主義」を私はまったく信じません。逆です。国防政策から教育まで、国家主義とエスノセントリズムがよみがえっており、惨憺たる敗戦の記憶をかなぐり捨てて、どこか居丈高になっているようです。そうした中で、在日コリアンに対する、断じてあってはならない差別、迫害、排斥行動が起きていると考えられます。

見て見ぬふりはできない

この事実を、年老いた日本の一作家としてどうとらえ、どう対処すべきか。見て見ぬふりをするのがいちばん簡単かもしれません。しかし、見て見ぬふりをするのは、よくよく思えば、いちばん苦しいのです。私の先輩たち、両親たちの大半は戦前、戦中、戦後をつうじ、朝鮮人差別を見ていながら見ないふりをしてきました。そうすることで、差別と迫害に加担したのです。私までそうするわけにはいきません。なにも正義をふりかざすとか、いい格好をしたいというのではありません。私には何人かの在日コリアンの友人がいます。友人が友人の身の安全と健康と幸福を願うのはあたりまえのことです。それに、友人に北も南もありません。在日コリアンへのヘイトスピーチがどれほど深く人びとの心を傷つけているか、わがことして想像し、知る必要があります。サッカーの裏サポーターの問題もそうです。先般の浦和のサポーターの問題でも深刻なのは、主催者たちが直ちに問題の本質に気がつかなかったことでした。「JAPANESE ONLY」という言葉は、上海のフランス租界の公園に「犬と中国人入るべ　からず」という札が掲げられたのと同質の病的差別と人権無視、無知、おぞましさがあります。

この種の出来事を考える際に必要なのは、「立場の移しかえ」です。もしも自分がコリアンで「JAPANESE ONLY」といわれたら、どう感じるか。あるいは日本人が「KOREAN ONLY」「CHINESE ONLY」といわれて排除されたらどう思うか、自分の立場を移しかえて考えなければならない。差別による精神の受傷というのは加害者や傍観者の予想をはるかに超えるものです。差別はどこにでもあるじゃないか、たかがサッカーではないかと軽視することはできません。民族差別、人種差別の高まりは歴史的に大きな紛争、戦争の前兆だったことも忘れることはできません。朝鮮学校を高校無償化の対象から除外した省令改正も、なんという視野狭窄《きょうさく》、なんと歪んだ人間観でしょうか。私は絶対反対です。これは差別と反目の公的な助長です。人間を人種、民族、国籍、出自で差別する者は、決して自由ではありえません。生身の人間は「国家」やその権力と同等、同質のものではなく、それぞれ温かな人の血が流れ、無力で傷つきやすいものなのです。そのことを理解しないかぎり、私たちはずっと不自由でいなければなりません。

治安維持法下で躰を張った布施辰治

東日本大震災から3年がたちました。私は宮城県石巻市で生まれ、育ちました。東日本大震災では私の友人、知人をふくめ5000人ほどの人が亡くなりました。米軍のトモダチ作戦はあの辺りが中心地で、米国のルース前大使、ケネディ大使らも、被災地訪問となれば、石巻に真っ先に行きました。テレビの報道を観るとみんなが涙を流してアメリカに感謝していることになっていますが、どうも違和感を感じます。トモダチ作戦という米国の計算ずくの対日戦略を見つめる冷静な観点がメディアには欠けていました。対日戦略の象徴的舞台に石巻がつかわれたようでもあります。日本の世論の全体的右傾化は、東日本大震災で拍車がかかったように思います。

石巻というのは、実は布施辰治の出身地でもあります。それをいまの若者はまず知らないし、私の若いころも地元出身の偉人とは教えられませんでした。女川の中村雅俊（俳優）は有名人ですけれど。やはり、朝鮮人たちが迫害されている実時間に彼らをかばい、治安維持法下で身体を張った人物が蛇田村（現在の石巻市）出身の布施辰治であるというのは、誇りに感じます。同郷だからというのではないが、布施辰治はその平和主義、死刑廃止論でも今日的に見なおされてよい大事な人です。このことも琴先生の本などで教わりました。関東大震災時に朝鮮人を匿った江度狄嶺《えとてきれい》、日本の植民地支配に根本的な疑問を持っていた石橋湛山ら、少数の例外的個人にこそ私は注目します。その人たちにいま、光をどう当てるのか。伊藤博文の言行をどうとらえるのか。吉野作造は日本の朝鮮政策に関しなにを語ったか……調べれば調べるほど自分の知識の浅さ、欠落部分に気づかされます。高崎さんの『植民地朝鮮の日本人』を読むと、顔が赤くなる。しかし、これもわれわれの祖先の自画像です。目をそむけることはできません。

最近の本を見ると正気を疑います。『醜いが、目をそらすな、隣国・韓国！』『嘘つき韓国の正体』などというタイトルの本がいくらでもある。出せば売れるから次々に出版される。ほとほと呆れますが、「韓流ブーム」の裏返しのようなこの現実は無視できません。われわれは古い人間だから紙の情報に頼りますが、たまにネットを見るとコリアン、中国人への罵詈雑言に溢れていて、その程度のあまりの低さに悲しくなります。そうしたネットユーザーたちに、安倍政権も依存しているのではないでしょうか。ネット社会は一部で暴力的な闇社会と化しつつある。テレビもネットの勢いを無視できないと、ネットのアクセスランキングに準拠してニュースを流し始めたりする。だからメディア全体が右に流れていく。他国や他民族、他人種を見下し排斥する傾向は、洋の東西、時代の古今を問わずみられる人間集団の恥ずべき退行現象ではありますが、現在はとてもではないが尋常ではないと感じます。これは明らかに文化の退行なのです。

いまは「戦前か戦中」ではないか

歴史の流れは怒涛のように速くなっています。明日、来週、来月、何が起きるか分かりません。いつだったか、予算委のやりとりを聞いて、ぞっとしました。安倍首相が集団的自衛権の行使の問題について説明しながら、平壌にいる拉致被害者を救出してくれと米軍に頼むわけにはいかないではないか、と話していました。言外に、自分たちでやるという意味なのでしょうか。「朝鮮有事」が当然のように語られるようになりました。安倍首相のなかには特殊部隊による「奪還作戦」のイメージがあるのでしょうか。みんなが勇ましくなっている。いまは公然と新聞も「朝鮮有事」という言葉を使うようになりました。われわれはもっと神経質になったほうがいい。いまは「戦前か戦中」ではないでしょうか。これは象徴的な意味でもありますが、私は本気でそう思っているのです。反戦平和を主張する人びとがもっともっと増えないといけません。パシフィズム（反戦平和主義）の声がかつて以上に高まらないと、政治権力者たちが次になにをしでかすか危ないのです。

私は以前、韓国で「慰安婦」だった人たちと、何日間か一緒にご飯を食べたり、話を聞いたりしたことがあります。泣きながら、しゃべる人たちのお話を聞いて、取材記者だったので、聞いたことを100パーセントを信じたわけではないのですけれども、でも生身の人の実感、経験した人でないといえない情景、内面の模様というものがある。『もの食う人びと』にも書いたとおり、どう割り引いても、彼女たちの言葉は私の人間観、戦争観、国家観、世界観に決定的に強い影響をあたえてくれました。わたしは辛い記憶を語ってくれたハルモニたちに、いまでも心から感謝しています。でも、ハルモニたちの多くが大事な記憶とともに亡くなりました。彼女たちは被害者であり、ずっと差別もされてきましたが、にもかかわらず、人間への敬意と愛を失ってはいませんでした。「慰安婦」問題について安倍政権は軍による強制はなかったなどと決めつけ、ＮＨＫの籾井会長は「慰安婦はどこの国にもあった」という趣旨の発言をしました。なにが悪い、という開き直りです。これが日本の知性かと愕然とし、言いようのない怒りを感じます。人間への敬意と愛……これがいまほど大切なときはありません。それを私は「慰安婦」と呼ばれた彼女たちから教わりました。

なによりも他者への敬意を

私が倒れて10年。歴史観がひっくり返っただけでなくて、憲法も風前の灯になりました。事実上、解釈改憲でなんでもできるという状態です。いったい何を急いでいるのか。この国と朝鮮半島との関係、この国と中国との関係、すべてが不穏になってきています。「積極的平和主義」だという日本の自己申告を、千数百万人から二千万人もが殺されたアジアの人たちの誰が信用するでしょうか。その国が平和な国か、好戦的な国かは、自国ではなく他の国が判断することなのです。第一、自分は戦争が好きだ、これからあなたの国を侵略すると言った指導者など歴史的にいたためしがない。日の丸や旭日旗に対する恐怖心は、朝鮮半島や中国の人々の心に世代を越えて焼きついているのです。いまの日本の政権は、在日コリアンを排斥する人たちの心根とどこかで結びついているように感じられてなりません。チマ・チョゴリの生徒たちに罵声を浴びせかけたり、石をぶつけたりする事件は前からありました。

しかし、その行為を憎む空気だってかつては強かったのです。いまはそれが減った気がする。戦後約70年、パンドラの箱を開けたら、予想もつかないグロテスクなものが見えてきました。むき出しの差別感情と自民族中心主義。これはかつての日帝が持っていたものでもあります。皇居に向かって、朝鮮半島の人々を遥拝させたのです。これがいかにとんでもないことか、われわれは知るべきです。列強の植民地支配がやってきたなかでも、極めて独特で日本的な手法です。大英帝国が植民地の人びとにバッキンガム宮殿に向かって3回、礼をしろといったことはないのです。創氏改名を英国は迫ったでしょうか。列強は例外なくむごいことをやってきましたが……。

また、新しい列強の時代、弱肉強食の時代が来つつあります。尖閣諸島だって、いつ偶発的な戦闘が起きてもおかしくありません。パンドラの箱が開き、眠っていたものが次々に起きてしまった。帝国主義、覇権主義、民族差別、ファシズム……戦後ほぼ70年かけてわれわれが反対してきたことが、逆に頭をもたげてきたのです。激動は必至です。そうしたときにはなにがいちばん大事でしょうか。私にとっては時勢に負けない個人の魂です。もっと謙虚に物事を知ることです。そして、なによりも他者への敬意です。

私が昔からの友人、朝鮮新報の朴日粉さんに久しぶりに会おうと思ったのは、状況はとても悪くなっているけれども、われわれの友情はなにも変わらないと伝えるためです。日本にだってまだ布施辰治や江度狄嶺のような無数の例外的個人がいます。彼らは安倍政権の国家主義、好戦的政策、在日コリアン排斥に強く反対しています。友だちが困ったら助ける。友だちが差別され迫害されたら友だちの側に立って助ける。そうでなければほんとうの友だちとは言えません。「知」とはそういうことです。敬意とはそういうことです。単純なことです。単純なことを勇気をもって実行しなければなりません。

（2014年4月14日付）

あとがき

日本による朝鮮に対する植民地支配解放から70余年。朝鮮民主主義人民共和国の金正恩委員長と韓国の文在寅大統領による南北首脳会談、朝米首脳会談の開催が決定し、3月末には電撃的に北京において、朝中首脳会談も実施されました。まさしく、世界史がダイナミックに大きく塗り替えられようとしています。その動きに遅々としてとり残されているのが、ここ日本であり、安倍政権ではないでしょうか。それどころか、日本社会を再び危うい空気が覆っています。日本のかつての戦争による被害の真相究明や被害者の尊厳の回復はおろか、安倍政権下、日本の加害の歴史を歪曲、隠ぺいする動きが拡がりを見せています。

そればかりではありません。この国では公権力による朝鮮人差別が公然とまかり通っています。高校無償化からの朝鮮学校除外や国が地方自治体への朝鮮学校補助金停止を促すなど差別政策がますます露骨になっているのです。

明治維新から150年になる今年。19世紀半ばから20世紀半ばにかけて日本では、

「平和」とか「正義」という言葉が盛んに使われていました。日本が朝鮮侵略を本格的に開始した1894年の日清戦争を「正義の戦争」と論じたのはキリスト教思想家の内村鑑三でした。明治天皇が1904年、日露戦争の開戦の年に詠んだ歌も「平和」にちなんでいます。「よもの海みなはらからと思ふ世になど波風のたちさわぐらむ」(世界の人々は皆兄弟と思っているのに、どうして平和を乱す波風がたち騒ぐのだろうか＝中塚明著『近代日本の朝鮮認識』より)。昭和天皇は1941年、この歌を引いて、対米英決戦の開戦決意を吐露しました。この間、朝鮮やアジアで日本軍によるどれほどの残虐な行為が繰り広げられたのでしょうか。

そして、今、安倍政権の下、「積極的平和主義」を掲げ集団的自衛権の行使を可能にした解釈改憲で、日本国憲法は風前の灯のように見えます。本書に登場していただいた作家・辺見庸さんは「この国が敗戦を機に反省したとされてきたことがさっぱり実行されずに逆に歴史が覆されてしまっている。『慰安婦』問題、強制連行、南京大虐殺、あるいは、日本が朝鮮で何をやったのかを忘れ、いわば『歴史認識におけるクーデター』が起きてしまった」と指摘しています。

東京都の小池都知事が昨年、東京都墨田区の都立横網町公園で開かれた「関東大震災94周年　朝鮮人犠牲者追悼式典」に追悼辞の送付を取りやめたのは、関東大震災時における朝鮮人虐殺の事実を否認する動きに他ならないと思います。

かつて取材したある歴史家がこう語ったことがあります。「侵略の第一歩とは、(国民が）他者をまず虫けらのように、思うようにすることだ」と。サッカー場に掲げられた「JAPANESE ONLY」という言葉もそうです。日常的に自民族中心主義と他者の文化や歴史を徹底的に見下す空気が醸成され、社会やネット上には朝鮮、韓国、中国、沖縄などへの下劣な悪意と虚偽が蔓延するようになりました。

こんな時代に在日朝鮮人として生きていくのは、いかにも生き辛く、声を出し辛い。窒息しそうな気分に陥ることもあります。国同士の関係が良好で、社会に共感があふれているときには、在日朝鮮人は両国の文化の「懸け橋」としての存在感を発揮できます。しかし、歴史認識、「慰安婦」問題などで両国間に鋭い対立や衝突が生じると、たちまち、その「懸け橋」には暴風雨が吹き荒れ、揺さぶられることになります。

まして、戦争前夜ともいわれる今、事態が進めば「懸け橋」は真っ先に破壊されるのではないかという危惧を抱かざるを得ません。そんな状況のなかでも、一人の記者として、「懸け橋」として立ち続け、朝鮮半島と日本の平和と和解を願い、人々の心に訴えていかなければならないと思いつづけてきました。

本書は朝鮮新報で長期にわたって連載したものをまとめたものです。情勢が厳しいなか、日朝交流に心血を注いできた学者、文化人、ジャーナリスト、芸術家など幅広い人たちが取材に快く応じて下さいました。高句麗壁画古墳のユネスコ世界遺産の登録のため、尽力して下さった日本画家の平山郁夫さんは、日朝関係の厳しい時代にも12回、夫妻で平壌を訪れ、息の長い支援と交流を続けるなど、心を砕かれました。

朝鮮学校の子どもたちの「無償化」実現を求める声に寄り添って、自作の詩を発表された詩人・辻井喬さんの真摯な訴え。歴史家の網野善彦さんは「慰安婦」問題を否認し、「日本の誇り」を取り戻そうとする動きに「戦場に『従軍慰安婦』を住まわせて、兵隊が行列を作って並ぶなんてことは、どこの国でもやったことはないのではないでしょうか。今頃『国民的な誇り』などといわれたりするとしゃらくさいという感じを持つ」と一喝されました。本書には35人の人々の多様な思いや訴えが込められています。こうした声に支えられて記者生活を続けてこられたことに、今、心から喜びと幸福感を感じています。厳しい出版事情の下、この本を出すように背中を押してくださった梨の木舎の羽田ゆみ子さんに感謝します。そして、この本に登場してくださった方々、すでに鬼籍に入られた方々、たくさんの励ましと勇気をありがとうございます。そして、日朝の「懸け橋」としての記者活動を長きにわたって温かく見守り続けてくれた朝鮮新報の仲間たち、そして家族にも深く感謝します。

２０１８年４月

朴日粉

著者プロフィール

朴日粉（パク・イルブン）
1954年島根県雲南市生まれ。朝鮮新報文化部記者、論説委員、編集局副局長などを務める。2018年5月退社。ジャーナリスト現在は公益財団法人「在日朝鮮学生支援会」代表理事、著書に『明日に向かって』（彩流社）、『美しい虹を架けて』第１集、第２集、『日本と朝鮮を考える　明日へのメッセージ』（以上朝鮮新報社）、『生きて、愛して、闘って――在日朝鮮人一世の物語』（朝鮮青年社）、『生涯現役　在日朝鮮人――愛と闘いの物語』（同時代社）、『いつもお天道さまが守ってくれた――在日ハルモニ・ハラボジの物語』（梨の木舎）など多数。

教科書に書かれなかった戦争Part 68
過去から学び、現在《いま》に橋をかける
――日朝をつなぐ35人、歴史家・作家・アーティスト

2018年5月1日　　初版発行
著　者：朴日粉
装　丁：宮部浩司
発行者：羽田ゆみ子
発行所：梨の木舎
〒101－0061
東京都千代田区神田三崎町2－2－12 エコービル1階
Tel. 03-6256-9517
Fax. 03-6256-9518
e メール　info@nashinoki-sha.com
http://www.nashinoki-sha.com
ＤＴＰ：具羅夢
印刷所：株式会社　厚徳社

34. いちじくの木がたおれぼくの村が消えた一クルドの少年の物語	ジャミル・シェイクリー著	1340円	
35. 日本近代史の地下水脈をさぐる 一信州・上田自由大学への系譜	小林利通著	3000円	
36. 日本と韓国の歴史教科書を読む視点	日本歴史教育研究会編	2700円	品切
37. ぼくたちは10歳から大人だった 一オランダ人少年抑留と日本文化	ハンス・ラウレンツ・ズヴィッツァー著	5000円	
38. 女と男　のびやかに歩きだすために	彦坂諦著	2500円	
39. 世界の動きの中でよむ　日本の歴史教科書問題	三宅明正著	1700円	
40. アメリカの教科書に書かれた日本の戦争	越田稜著	3500円	
41. 無能だって？それがどうした?! 一能力の名による差別の社会を生きるあなたに	彦坂諦著	1500円	
42. 中国撫順戦犯管理所職員の証言一写真家新井利男の遺した仕事	新井利男資料保存会編	3500円	
43. バターン　遠い道のりのさきに	レスター・I.テニー著	2700円	
44. 日本と韓国の歴史共通教材をつくる視点	歴史教育研究会編	3000円	品切
45. 憲法9条と専守防衛	箕輪登・内田雅敏著	1400円	
47. アメリカの化学戦争犯罪	北村元著	3500円	
48. 靖国へは行かない。戦争にも行かない	内田雅敏著	1700円	
49. わたしは誰の子	葉子・ハュス-綿貫著	1800円	
50. 朝鮮近代史を駆けぬけた女性たち32人	呉香淑著	2300円	
51. 有事法制下の靖国神社	西川重則著	2000円	
52. わたしは、とても美しい場所に住んでいます	基地にNO!アジア・女たちの会編	1000円	
53. 歴史教育と歴史学の協働をめざして 一ゆれる境界・国家・地域にどう向きあうか	坂井俊樹・浪川健治編著	3500円	
54. アボジが帰るその日まで	李熙子・竹見智恵子著	1500円	
55. それでもぼくは生きぬいた 一日本軍の捕虜になったイギリス兵の物語	シャーウィン裕子著	1600円	
56. 次世代に語りつぐ生体解剖の記憶 一 元軍医湯浅さんの戦後	小林節子著	1700円	
57. クワイ河に虹をかけた男一元陸軍通訳永瀬隆の戦後	満田康弘著	1700円	
58. ここがロードス島だ、ここで跳べ、	内田雅敏著	2200円	
59. 少女たちへのプロパガンダ 一「少女倶楽部」とアジア太平洋戦	長谷川潮著	1500円	
60. 花に水をやってくれないかい？ 一 日本軍「慰安婦」にされたファン・クムジュの物語	イ・ギュヒ著/保田千世訳	1500円	
61. 犠牲の死を問う一日本・韓国・インドネシア	高橋哲哉・李泳采・村井吉敬／コーディネーター内海愛子	1600円	
62. ビデオ・メッセージでむすぶアジアと日本 ――わたしがやってきた戦争のつたえ方	神直子著	1700円	
63. 朝鮮東学農民戦争を知っていますか? ――立ちあがった人びとの物語	宋基淑著／中村修訳	2800円	
64. 韓国人元BC級戦犯の訴え――何のために、誰のために	李鶴来著　解説 内海愛子	1700円	
65. 2015年安保、総がかり行動 一大勢の市民、学生もママたちも学者も街に出た	高田健著	1800円	
66. 歴史を学び、今を考える ――戦争そして戦後	内海愛子・加藤陽子 著	1500円	

●シリーズ・教科書に書かれなかった戦争――既刊本の紹介● 20.46.欠番 価格は本体表記(税抜)

1. 教科書に書かれなかった戦争	アジアの女たちの会編	1650円	
2. 増補版 アジアからみた「大東亜共栄圏」	内海愛子・田辺寿夫編著	2400円	
3. ぼくらはアジアで戦争をした	内海愛子編	1650円	
4. 生きて再び逢ふ日のありや―私の「昭和百人一首」	高崎隆治撰	1500円	在庫僅少
5. 増補版 天皇の神社「靖国」	西川重則著	2000円	在庫僅少
6. 先生、忘れないで!	陳野守正著	2000円	
7. 改訂版 アジアの教科書に書かれた日本の戦争―東アジア編	越田稜編著	2200円	
8. 増補版 アジアの教科書に書かれた日本の戦争―東南アジア編	越田稜編著	2500円	
9. 語られなかったアジアの戦後―日本の敗戦・アジアの独立・賠償	内海愛子・田辺寿夫編著	3107円	品切
10. 増補版 アジアの新聞が報じた自衛隊の『海外派兵』と永野発言・桜井発言	中村ふじゑ他翻訳・解説	2700円	
11. 川柳にみる戦時下の世相	高崎隆治選著	1825円	
12. 満州に送られた女たち大陸の花嫁	陳野守正著	2000円	品切
13. 増補版 朝鮮・韓国は日本の教科書にどう書かれているか	君島和彦・坂井俊樹編著	2700円	在庫僅少
14. 「陣中日誌」に書かれた慰安所と毒ガス	高崎隆治著	2000円	
15. ヨーロッパの教科書に書かれた日本の戦争	越田稜編著	3000円	
16. 大学生が戦争を追った―山田耕筰さん,あなたたちに戦争責任はないのですか	森脇佐喜子著・解説高崎隆治・推薦内海愛子	1650円	
17. 100冊が語る「慰安所」・男のホンネ	高崎隆治編著		品切
18. 子どもの本から「戦争とアジア」がみえる―みんなに読んでほしい300冊	長谷川潮・きどのりこ編著	2500円	
19. 日本と中国-若者たちの歴史認識	日高六郎編	2400円	品切
21. 中国人に助けられたおばあちゃんの手からうけつぐもの	北崎可代著	1700円	
22. 新装増補版・文玉珠-ビルマ戦線楯師団の「慰安婦」だつた私	語り・文玉珠/構成と解説森川万智子	2000円	
23. ジャワで抑留されたオランダ人女性の記録	ネル・ファン・デ・グラーフ著	2000円	
24. ジャワ・オランダ人少年抑留所	内海愛子他著	2000円	
25. 忘れられた人びと―日本軍に抑留された女たち・子どもたち	S・F・ヒュ-イ著・内海愛子解説	3000円	
26. 日本は植民地支配をどう考えてきたか	和田春樹・石坂浩一編	2200円	
27. 「日本軍慰安婦」をどう教えるか	石出法太・金富子・林博史編	1500円	
28. 世界の子どもの本から「核と戦争」がみえる	長谷川潮・きどのりこ編著	2800円	
29. 歴史からかくされた朝鮮人満州開拓団と義勇軍	陳野守正著	2000円	
30. 改訂版 ヨーロッパがみた日本・アジア・アフリカ―フランス植民地主義というプリズムをとおして	海原峻著	3200円	
31. 戦争児童文学は真実をつたえてきたか	長谷川潮著	2200円	
32. オビンの伝言―タイヤルの森をゆるがせた台湾・霧社事件	中村ふじゑ著	2200円	
33. ヨーロッパ浸透の波紋	海原峻著	2500円	

教科書に書かれなかった戦争

⑥⑤2015年安保、総がかり行動
——大勢の市民、学生もママたちも学者も街に出た

著者：高田　健
A5判／ 186頁／定価1800円＋税

◉目次　1章 暴走を始めた安倍政権／2章 2014年6月30日、官邸前に人びとは集まり始めた／3章 2015年安保闘争の特徴／4章 同円多心の共同をつくる／5章　市民連合の誕生／6章 016年参院選は希望のある敗北だった／7章 これから——野党＋市民の共闘、この道しかない

「ゆくのは、わたしら」若者たちも街に出た。いま歴史を動かしているのは、改憲の政治勢力だけではない、戦争する国への道に反対する広範な市民の運動がある。

978-4-8166-1702-7

⑥⑥歴史を学び、今を考える——戦争そして戦後

内海愛子・加藤陽子 著
A5判／ 160頁／定価1500円＋税

◉目次　1部　歴史を学び、今を考える／それでも日本人は「戦争」を選ぶのか? 加藤陽子／日本の戦後—少数者の視点から　内海愛子／ 2部　質問にこたえて／●「国家は想像を越える形で国民に迫ってくる場合があります」加藤陽子／「戦争も歴史も身近な出来事から考えていくことで社会の仕組みが見えてきます」内海愛子●大きな揺れの時代に、いま私たちは生きている。いったいどこに向かって進んでいるのか。被害と加害、協力と抵抗の歴史を振り返りながら、キーパーソンのお二人が語る。●時代を読みとるための巻末資料を豊富につけた。特に「賠償一覧年表　戸籍・国籍の歴史……人民の国民化」は実にユニークです。

978-4-8166-1703-4

旅行ガイドにないアジアを歩く

増補改訂版　マレーシア

高嶋伸欣・関口竜一・鈴木　晶 著
A5判変型／ 192頁／定価2000円＋税　一部カラー

◉目次　増補・新たな出会いと交流　1章 マレーシアを知りたい　2章 クアラ・ルンプールとその周辺　3章 ペナン島とその周辺　4章 ペラ州　5章 マラッカとその周辺　6章 ジョホール・バルとその周辺　7章 マレー半島東海岸　8章 東マレーシア

「マラッカ郊外の農村で村の食堂に入り手まねで注文した。待つ間に年配の店員が出てきて「日本人か」と聞いた。「それでは戦争中に日本軍がこのあたりで住民を大勢虐殺したのを知っているか」と。ここからわたしの長い旅がはじまった」（はじめに）修学旅行の資料に。

978-4-8166-1801-7

シンガポール

著者：高嶋伸欣・鈴木晶・高嶋道・渡辺洋介 著　フルカラー
A5判変型／ 160頁／定価2000円＋税

◉目次　1章 シンガポールを知りたい　2章 シンガポール史の中の日本　3章 エリアガイド　① シティ・中心部　② チャンギ・東部地区　③ ブキティマ・北西部地区　④ ジュロン・南西部地区　⑤ セントーサ島地区　⑥ お隣りへ

シンガポールは多民族国家で、熱帯で成し遂げられた工業都市、そして国際都市国家です。ところで、日本が占領した３年半に、この国にしたことを知っていますか。表面をみただけではわからないこの国の歴史と、日本の過去に出会う１冊。

978-4-8166-1601-3